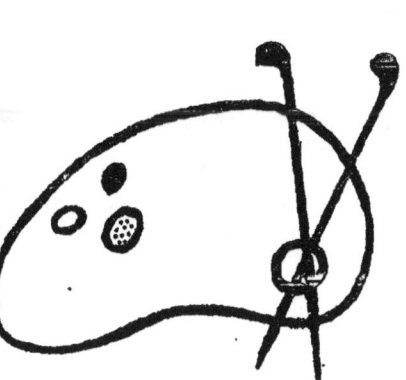

Début d'une série de documents en couleur

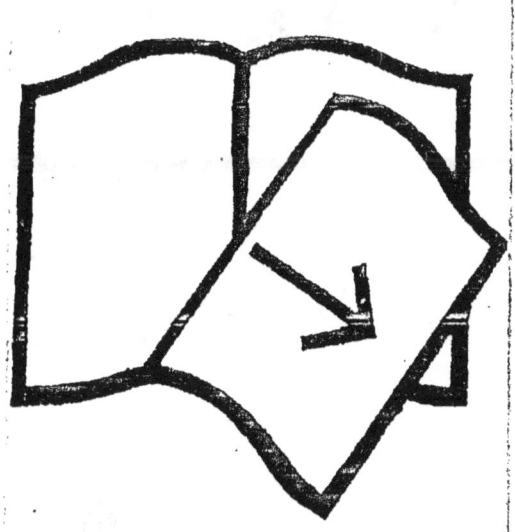

Couverture inférieure manquante

MARCEL SCHWOB

Cœur double

AVEC UNE PRÉFACE

DEUXIÈME ÉDITION

PARIS

PAUL OLLENDORFF, ÉDITEUR

28 bis, RUE DE RICHELIEU, 28 bis

1891

Tous droits réservés.

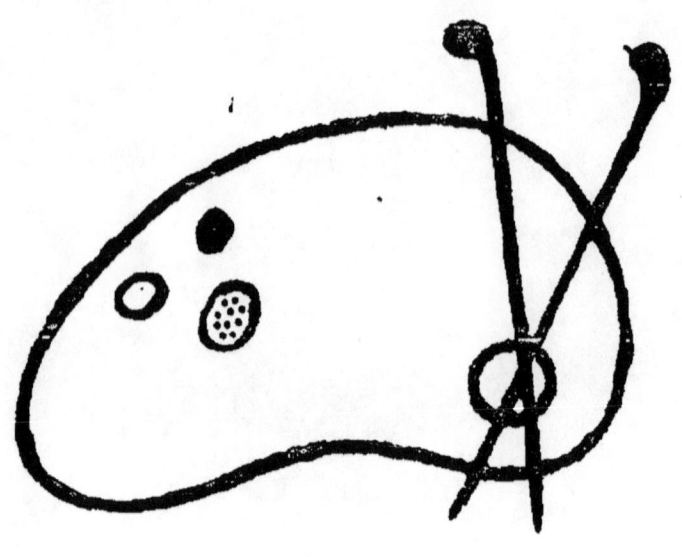

Fin d'une série de documents en couleur

Cœur double

Tous droits de reproduction et de traduction réservés pour tous les pays, y compris la Suède et la Norvège.

S'adresser, pour traiter, à M. PAUL OLLENDORFF, Éditeur 28 bis, rue de Richelieu, Paris.

MARCEL SCHWOB

Cœur double

Ἔλεος καὶ πάθος

DEUXIÈME ÉDITION

PARIS

PAUL OLLENDORFF, ÉDITEUR

28 *bis*, RUE DE RICHELIEU, 28 *bis*

1891

Tous droits réservés.

A

ROBERT LOUIS STEVENSON

PRÉFACE

I

La vie humaine est d'abord intéressante pour elle-même ; mais, si l'artiste ne veut pas représenter une abstraction, il faut qu'il la place dans son milieu. L'organisme conscient a des racines personnelles profondes ; mais la société a développé en lui tant de fonctions hétérogènes, qu'on ne saurait trancher ces milliers de suçoirs par où il se nourrit sans le faire mourir. Il y a un instinct égoïste de la conservation de l'individu ; il y a aussi le besoin des autres êtres, parmi lesquels l'individu se meut.

Le cœur de l'homme est double ; l'égoïsme y balance la charité ; la personne y est le contre-poids des masses ; la conservation de l'être compte avec le sacrifice aux autres ; les pôles du cœur sont au fond du moi et au fond de l'humanité.

Ainsi l'âme va d'un extrême à l'autre, de l'expansion de sa propre vie à l'expansion de la vie de tous. Mais il y a une route à faire pour arriver à la pitié, et ce livre vient en marquer les étapes.

L'égoïsme vital éprouve des craintes personnelles : c'est le sentiment que nous appelons TERREUR. Le jour où la personne se représente, chez les autres êtres, les craintes dont elle souffre, elle est parvenue à concevoir exactement ses relations sociales.

Or la marche de l'âme est lente et difficile, pour aller de la terreur à la pitié.

Cette terreur est d'abord extérieure à l'homme. Elle naît de causes surnaturelles, de la croyance aux puissances magiques, de la foi au destin que les anciens ont si magnifiquement représentée. On verra dans les *Striges* l'homme qui est le jouet de ses superstitions. Le *Sabot* montre l'attrait mystique de la foi échangée contre une vie grise, la renonciation à l'activité humaine à n'importe quel prix, même au prix de l'enfer. Avec les *Trois Gabelous*, l'idéal extérieur qui nous mène mystérieusement à la terreur se manifeste par le désir de l'or. Ici l'effroi naît d'une coïncidence subite, et les trois contes suivants montreront qu'une rencontre fortuite d'accidents, encore surnaturelle dans le *Train 081*, mais réelle dans les *Sans-Gueule*, peut exciter une terreur intense causée par des circonstances indépendantes de l'homme.

La terreur est intérieure à l'homme, bien que déterminée encore par des causes qui ne dépendent pas de nous, dans la folie, la double personnalité, la suggestion; mais avec *Béatrice*, *Lilith*, les *Portes de l'Opium*, elle est provoquée par l'homme lui-même, et par sa recherche de sensations — que ce soit la quintessence de l'amour, de la littérature, ou de l'étrangeté qui le conduise à l'au-delà.

Quand la vie intérieure l'a mené, par les portes de l'Opium, jusqu'au néant de ces excitations, il considère les choses terribles avec une certaine ironie, mais où l'énervement se traduit encore par une excessive acuité de sensations. La placidité béate de l'existence s'oppose vivement dans son esprit à l'influence des terreurs provoquées, extérieures, ou surnaturelles — mais cette existence matérielle ne semble pas, dans l'*Homme Gras* ni dans le *Conte des Œufs*, le dernier but de l'activité humaine, et on peut encore y être troublé par la superstition.

C'est avec le *Dom* que l'homme entrevoit le terme inférieur de la terreur, qu'il pénètre dans l'autre moitié de son cœur, qu'il essaye de se représenter dans les autres êtres la misère, la souffrance et la crainte, qu'il chasse de lui toutes les terreurs humaines ou surhumaines pour ne plus connaître que la pitié.

Le conte du *Dom* introduit le lecteur à la seconde partie du volume, « la Légende des Gueux ». Toutes les terreurs que l'homme a pu éprouver, la longue série des criminels les a reproduites d'âge en âge jusqu'à nos jours. Les actions des simples et des gueux sont des effets de la terreur et répandent la terreur. La superstition et la magie, la soif de l'or, la recherche de la sensation, la vie brutale et inconsciente, autant de causes des crimes qui mènent à la vision de l'échafaud futur dans *Fleur de Cinq pierres*, à l'échafaud lui-même, avec son horrible réalité, dans *Instantanées*.

L'homme devient pitoyable, après avoir ressenti toutes les terreurs, après les avoir rendues concrètes en les incarnant dans ces pauvres êtres qui en souffrent.

La vie intérieure, objectivée seulement jusqu'au *Dom*, devient historique en quelque sorte lorsqu'elle suit l'œuvre de la terreur depuis la *Vendeuse d'Ambre* jusqu'à la guillotine.

On a pitié de cette misère, et on tente de recréer la société, d'en bannir toutes les terreurs par la Terreur, de faire un monde neuf où il n'y ait plus ni pauvres, ni gueux. L'incendie devient mathématique, l'explosion raisonnée, la guillotine volante. On tue pour le principe ; sorte d'homœopathie du meurtre. Le ciel noir est plein d'étoiles rouges. La fin de la nuit sera une aurore sanglante.

Tout cela serait bon, serait juste, si l'extrême terreur n'entraînait autre chose ; si la pitié présente de ce qu'on supprime n'était plus forte que la pitié future de ce qu'on veut créer; si le regard d'un enfant ne faisait chanceler les meurtriers des générations d'hommes; si le cœur n'était double enfin, même dans les poitrines des ouvriers de la terreur future.

Ainsi est atteint le but de ce livre, qui est de mener par le chemin du cœur et par le chemin de l'histoire de la terreur à la pitié, de montrer que les événements du monde extérieur peuvent être parallèles aux émotions du monde intérieur, de faire pressentir que dans une seconde de vie intense nous revivons virtuellement et actuellement l'univers.

II

Les anciens ont saisi le double rôle de la terreur et de la pitié dans la vie humaine. L'intérêt des autres passions semblait inférieur, tandis que ces deux émotions extrêmes emplissaient l'âme entière. L'âme devait être en quelque manière une harmonie, une chose symétrique et équilibrée. Il ne fallait pas la laisser en état de trouble; on cherchait à balancer la terreur par la pitié. L'une de ces passions chassait l'autre, et l'âme redevenait calme; le spectateur sortait satisfait. Il n'y avait pas de moralité dans l'art; il y avait à faire l'équilibre dans l'âme. Le cœur sous l'empire d'une seule émotion eût été trop peu artistique à leurs yeux.

La purgation des passions, ainsi que l'entendait Aristote, cette purification de l'âme, n'était peut-être que le calme ramené dans un cœur palpitant. Car il n'y avait dans le drame que deux passions, la terreur et la pitié, qui devaient se faire contre-poids, et leur développement intéressait l'artiste à un point de vue bien différent du nôtre. Le spectacle que cherchait le poète n'était pas sur la scène, mais dans la salle. Il se préoccupait moins de l'émotion éprouvée par l'acteur que de ce que sa représentation soulevait dans le spectateur. Les personnages étaient vraiment de gigantesques marionnettes terrifiantes ou pitoyables. On ne raisonnait pas sur la description des causes, mais on percevait l'intensité des effets.

Or les spectateurs n'éprouvaient que les deux sentiments extrêmes qui emplissent le cœur. L'égoïsme menacé leur donnait la terreur ; la souffrance partagée leur donnait la pitié. Ce n'était pas la fatalité dans l'histoire d'Œdipe ou des Atrides qui occupait le poète, mais l'impression de cette fatalité sur la foule.

Le jour où Euripide analysa l'amour sur la scène, on put l'accuser d'immoralité ; car on ne lui reprochait pas le développement de la passion chez ses personnages, mais celle qui pourrait se développer chez ceux qui les voyaient.

On aurait pu concevoir l'amour comme un mélange de ces deux passions extrêmes qui se partageaient le théâtre. Car il y a en lui de l'admiration, de l'attendrissement et du sacrifice, un sentiment du sublime qui participe de la terreur, une commisération délicate, et un désintéressement suprêmes qui viennent de la pitié ; si bien que peut-être les deux moitiés de l'amour se joignent avec une force supérieure là où d'un côté il y a l'admiration la plus effrayée, où de l'autre il y a la pitié qui se sacrifie le plus sincèrement.

Ainsi, l'amour perd son égoïsme exclusif qui fait des amants deux centres d'attraction tour à tour : car l'amant doit être tout pour son amante, comme l'amante doit être tout pour son amant. Il est devenu l'alliance la plus noble d'un cœur plein de sublime avec un cœur plein de désintéressement. Les femmes ne sont plus Phèdre ni Chimène, mais Desdémone, Imogène, Miranda, ou Alceste.

L'amour a sa place entre la terreur et la pitié. Sa représentation est le plus délicat passage d'une de ces passions à l'autre; et elle les soulève toutes deux dans le spectateur, dont l'âme prend ainsi plus d'intérêt que celle du personnage qui joue.

L'analyse des passions dans la description des héros ou dans le rôle des acteurs est déjà une pénétration de l'art par la critique. L'examen que la personne représentée fait d'elle-même provoque un examen imité chez le spectateur. Il perd la sincérité de ses impressions; il ratiocine, discute, compare; les femmes cherchent parfois dans ces développements des moyens matériels pour tromper, et les hommes des moyens moraux pour découvrir; la déclamation rhétorique est vide; la déclamation psychologique est pernicieuse.

Les passions représentées non plus pour l'acteur, mais pour le spectateur, ont une haute portée morale. En entendant les *Sept contre Thèbes*, dit Aristophane, on était plein d'Arès. La fureur guerrière et la terreur des armes ébranlait tous les assistants. Puis les deux frères se tuant, les deux sœurs les enterrant, malgré des ordres cruels et une mort imminente, la pitié chassait la terreur; le cœur se calmait, l'âme reprenait de l'harmonie.

A de semblables effets une composition spéciale est nécessaire. Le drame implexe diffère systématiquement du drame complexe. La situation dramatique tout entière est dans l'exposition d'un état tragique, qui contient en puissance le dénouement. Cet état est exposé symétriquement, avec une mise en place rigoureuse et définie du sujet et de la forme. D'un côté ceci; de l'autre cela.

Il suffit de lire Eschyle avec quelque attention pour percevoir cette permanente symétrie qui est le principe de son art. La fin des pièces est pour lui une rupture de l'équilibre dramatique. La tragédie est une crise, et sa solution une accalmie. En même temps, à Égine, un peu plus tard à Olympie, des sculpteurs de génie, obéissant aux mêmes principes d'art, ornaient les frontons des temples de figures humaines et de compositions scéniques symétriquement groupées des deux côtés d'une rupture d'harmonie centrale. Les crises des attitudes, réelles mais immobiles, sont placées dans une composition dont le total explique chacune des parties.

Phidias et Sophocle furent en art des révolutionnaires réalistes. Le type humain qui nous paraît idéalisé dans leurs œuvres est la nature même, telle qu'ils la concevaient. Le mouvement de la vie fut suivi jusque dans ses courbes les plus molles. Au témoignage d'Aristote, un acteur d'Eschyle reprochait à un acteur de Sophocle de *singer* la nature, au lieu de l'imiter. Le drame implexe avait disparu de la scène artistique. Le mouvement réaliste devait encore s'accentuer avec Euripide.

La composition d'art cessa d'être la représentation d'une crise. La vie humaine intéressa par son développement. L'*Œdipe* de Sophocle est une sorte de roman. Le drame fut découpé en tranches successives ; la crise devint finale, au lieu d'être initiale ; l'exposition, qui était dans l'art antérieur la pièce elle-même, fut réduite pour permettre le jeu de la vie.

Ainsi naquit l'art postérieur à Eschyle, à Polygnote, et aux maîtres d'Égine et d'Olympie. C'est l'art qui est venu jusqu'à nous par le théâtre et le roman.

Comme toutes les manifestations vitales, l'action, l'association et le langage, l'art a passé par des périodes analogues qui se reproduisent d'âge en âge. Les deux points extrêmes entre lesquels l'art oscille semblent être la Symétrie et le Réalisme. Dans la Symétrie, la vie est assujettie à des règles artistiques conventionnelles ; dans le Réalisme, la vie est reproduite avec toutes ses inflexions les plus inharmoniques.

De la période symétrique du XIIe et du XIIIe siècles, l'art a passé à la période psychologique, réaliste et naturiste des xiv°, xv° et xvi° siècles. Sous l'influence des règles antiques au xviii° siècle, il s'est développé un art conventionnel que le mouvement du xviii° et du xix° siècle a rompu. Nous touchons aujourd'hui, après le romantisme et le naturalisme, à une nouvelle période de symétrie. L'Idée qui est fixe et immobile semble devoir se substituer de nouveau aux Formes Matérielles, qui sont changeantes et flexibles.

Au moment où se crée un art nouveau, il est utile de ne pas s'attacher uniquement à la considération de la floraison indépendante des Primitifs et des Préraphaélites; il ne faut pas négliger les belles constructions des crises de l'âme et du corps qu'ont exécutées Eschyle et les maîtres d'Égine et d'Olympie.

On trouvera dans ces contes la préoccupation d'une composition spéciale, où l'exposition tient la plus grande place souvent, où la solution de l'équilibre est brusque et finale, où sont décrites les aventures singulières de l'esprit et du corps sur le chemin que suit l'homme qui part de son moi pour arriver aux autres. Ils présenteront parfois l'apparence de fragments; et on devra alors les considérer comme une partie d'un tout, la crise seule ayant été choisie comme objet de représentation artistique.

III

Avant d'examiner le rôle que peuvent jouer dans l'art ces crises de l'âme et du corps, il n'est pas inutile de regarder derrière nous et autour de nous la forme littéraire prépondérante dans les temps modernes, c'est-à-dire le roman.

Sitôt que la vie humaine parut intéressante par son développement même, qu'il fût intérieur ou extérieur, le roman était né. Le roman est l'histoire d'un individu, qu'il soit Encolpe, Lucius, Pantagruel, Don Quichotte, Gil Blas ou Tom Jones. L'histoire était extérieure plutôt avant la fin du siècle dernier et Clarisse Harlowe; mais pour être devenue intérieure, la trame de la composition n'a pas changé. *Historiola animæ, sed historiola.*

Les tourments de l'âme avec Gœthe, Stendhal, Benjamin Constant, Alfred de Vigny, Musset, devinrent prédominants. La liberté personnelle avait été dégagée par la révolution américaine, par la révolution française. L'homme libre avait toutes les aspirations. On sentait plus qu'on ne pouvait. Un élève notaire se tua en 1810, et laissa une lettre où il annonçait sa résolution, parce qu'à la suite de sérieuses réflexions il avait reconnu qu'il était incapable de devenir aussi grand que Napoléon. Tous éprouvaient ceci dans tous les rayons de l'activité humaine. Le bonheur personnel devait être au fond des bissacs que chacun de nous porte devant et derrière lui.

La maladie du siècle commença. On voulut être aimé pour soi-même. Le cocuage devint triste. La vie aussi : c'était un tissu d'aspirations excessives que chaque mouvement déchirait. Les uns se jetèrent dans des mysticismes singuliers, chrétiens, extravagants, ou immondes; les autres, poussés du démon de la perversité, se scarifièrent le cœur, déjà si malade, comme on taquine une dent gâtée. Les autobiographies vinrent au jour sous toutes les formes.

Alors la science du xixe siècle, qui devenait géante, se mit à envahir tout. L'art se fit biologique et psychologique. Il devait prendre ces deux formes positives, puisque Kant avait tué la métaphysique. Il devait prendre une apparence scientifique, comme au xvie siècle il avait pris une apparence d'érudition. Le xixe siècle est gouverné par la naissance de la chimie, de la médecine et de la psychologie, comme le xvi° est mené par la renaissance de Rome et d'Athènes. Le désir d'entasser des faits singuliers et archéologiques y est remplacé par l'aspiration vers les méthodes de liaison et de généralisation.

Mais, par un recul étrange, les généralisations des esprits artistiques ayant été trop hâtives, les lettres marchèrent vers la déduction, tandis que la science marchait vers l'induction.

Il est singulier que, dans le temps où on parle synthèse, personne ne sache en faire. La synthèse ne consiste pas à rassembler les éléments d'une psychologie individuelle, ni à réunir les détails de description d'un chemin de fer, d'une mine, de la Bourse ou de l'armée.

Ainsi entendue, la synthèse est de l'énumération ; et si des ressemblances que présentent les moments de la série l'auteur cherche à tirer une idée générale, c'est une banale abstraction, qu'il s'agisse de l'amour des salons ou du ventre de Paris. La vie n'est pas dans le général, mais dans le particulier ; l'art consiste à donner au particulier l'illusion du général.

Présenter ainsi la vie des entités partielles de la société, c'est faire de la science moderne à la façon d'Aristote. La généralité engendrée par l'énumération complète des parties est une variété du syllogisme. « L'homme, le cheval et le mulet vivent longtemps, écrit Aristote. — Or l'homme, le cheval et le mulet sont tous les animaux sans fiel. — Donc tous les animaux sans fiel vivent longtemps. »

Ceci n'est pas une désespérante tautologie, mais c'est le syllogisme énumératif, qui n'a aucune rigueur scientifique. Il repose en effet sur une énumération complète ; et il est impossible, dans la nature, de parvenir à un tel résultat.

La monotone nomenclature des détails psychologiques

ou physiologiques ne peut donc pas servir à donner les idées générales de l'âme et du monde; et cette manière d'entendre et d'appliquer la synthèse est une forme de la déduction.

Ainsi le roman analyste et le roman naturaliste, en faisant usage de ce procédé, pèchent contre la science qu'ils invoquent tous deux.

Mais, s'ils emploient faussement la synthèse, ils appliquent aussi la déduction en plein développement de la science expérimentale.

Le roman analyste pose la psychologie du personnage, la commente finement et déduit de là une vie entière.

Le roman naturaliste pose la physiologie du personnage, décrit ses instincts, son hérédité, et déduit de là l'ensemble de ses actions.

Cette déduction unie à la synthèse énumérative constitue la méthode propre des romans analystes et naturalistes.

Car le romancier moderne prétend avoir une méthode scientifique, réduire les lois naturelles et mathématiques en formules littéraires, observer comme un naturaliste, expérimenter comme un chimiste, déduire comme un algébriste.

L'art véritablement entendu semble au contraire se séparer de la science par son essence même.

Dans la considération d'un phénomène de la nature, le savant suppose le déterminisme, cherche les causes de ce phénomène et ses conditions de détermination; il l'étudie au point de vue de l'origine et des résultats; il se l'asservit à lui-même, pour le reproduire, et l'asservit à l'ensemble des lois du monde pour l'y lier; il en fait un déterminable et un déterminé.

L'artiste suppose la liberté, regarde le phénomène comme un tout, le fait entrer dans sa composition avec ses causes rapprochées, le traite comme s'il était libre, lui-même libre dans sa manière de le considérer.

La science cherche le général par le nécessaire ; l'art doit chercher le général par le contingent ; pour la science le monde est lié et déterminé ; pour l'art le monde est discontinu et libre ; la science découvre la généralité extensive ; l'art doit faire sentir la généralité intensive ; si le domaine de la science est le déterminisme, le domaine de l'art est la liberté.

Les êtres vivants, spontanés, libres, dont la synthèse psychologique et physiologique, malgré certaines conditions déterminées, dépendra des séries qu'ils rencontreront, des milieux qu'ils traverseront, tels seront les objets de l'art. Ils ont des facultés de nutrition, d'absorption et d'assimilation ; mais il faut tenir compte du jeu compliqué des lois naturelles et sociales, que nous appelons hasard, que l'artiste n'a pas à analyser, qui est véritablement pour lui le Hasard, et qui amène à l'organisme physique et conscient les choses dont il peut se nourrir, qu'il peut absorber et s'assimiler.

Ainsi la synthèse sera celle d'un être vivant.

Si toutes les conditions de la vie humaine pouvaient être déterminées ou prévues, a écrit Kant, on calculerait les actions des hommes comme des éclipses.

La science des choses humaines n'a pas encore atteint la science des choses célestes.

La physiologie et la psychologie ne sont malheureusement pas beaucoup plus avancées que la météorologie ; et les actions que prédit la psychologie de nos romans sont d'ordinaire aussi faciles à prévoir que la pluie pendant l'orage.

Mais il faut trouver le moyen de nourrir artistiquement l'être physique et conscient des événements que le Hasard lui offre. On ne peut pas donner de règles pour cette synthèse vivante. Ceux qui n'en ont pas d'idée, et qui clament sans cesse *à la synthèse*, retardent en art, comme Platon retardait en science.

« Quand j'ajoute *un* à *un*, disait Platon dans sa *République*, qu'est-ce qui devient *deux*, l'unité à laquelle j'ajoute, ou celle qui est ajoutée ? »

Pour un esprit aussi profondément déductif, la série des nombres devait naître analytiquement ; le nouvel être *deux* devait être enveloppé dans l'une des unités dont la jonction l'engendrait.

Nous disons que le nombre *deux* est produit synthétiquement, qu'il intervient dans l'addition un principe différent de l'analyse ; et Kant a montré que la sériation des nombres était le résultat d'une synthèse *à priori*.

Or dans la vie la synthèse qui s'opère est aussi radicalement différente de l'énumération générale des détails psychologiques et physiologiques ou du système déductif.

Il y a peu d'exemples meilleurs de la représentation de la vie qu'un passage d'*Hamlet*.

Deux actions dramatiques se partagent la pièce, l'une extérieure à Hamlet, l'autre intérieure. A la première se rattache le passage des troupes de Fortinbras (act. IV, sc. V) qui traversent le Danemark pour attaquer la Pologne. Hamlet les voit passer. Comment l'action intérieure à Hamlet se nourrira-t-elle de cet événement extérieur ? Voici ; Hamlet s'écrie :

> « Comment, je reste immobile,
> Moi qui ai, par mon père tué, ma mère souillée,
> Des excitations de la raison et du sang,
> Et je laisse tout dormir ? Quand, à ma honte, je vois
> L'imminente mort de vingt mille hommes
> Qui, pour une fantaisie et un jeu de gloire,
> Vont vers leurs tombes !

Ainsi la synthèse est accomplie ; et Hamlet s'est assimilé pour sa vie intérieure un fait de la vie extérieure.

Claude Bernard distinguait dans les êtres vivants le milieu intérieur et le milieu extérieur ; l'artiste doit considérer en eux la vie intime et la vie externe, et nous faire saisir les actions et les réactions, sans décrire ni discuter.

Or les émotions ne sont pas continues ; elles ont un point extrême et un point mort. Le cœur éprouve, au moral, une systole et une diastole, une période de contraction, une période de relâchement. On peut appeler *crise* ou *aventure* le point extrême de l'émotion. Chaque fois que la double oscillation du monde extérieur et du monde intérieur amène une rencontre, il y a une « aventure » ou une « crise ». Puis les deux vies reprennent leur indépendance, chacune fécondée par l'autre.

Depuis la grande renaissance romantique, la littérature a parcouru tous les moments de la période de relâchement du cœur, toutes les émotions lentes et passives. A cela devaient aboutir les descriptions de la vie psychologique et de la vie physiologique déterminées. A cela aboutira le roman des masses, si on y fait disparaître l'individu.

Mais la fin du siècle sera peut-être menée par la devise du poète Walt Whitman : *Soi-Même et En Masse*. La littérature célébrera les émotions violentes et actives. L'homme libre ne sera pas asservi au déterminisme des phénomènes de l'âme et du corps. L'individu n'obéira pas au despotisme des masses, ou il les suivra volontairement. Il se laissera aller à l'imagination et à son goût de vivre.

Si la forme littéraire du roman persiste, elle s'élargira sans doute extraordinairement. Les descriptions pseudo-scientifiques, l'étalage de psychologie de manuel et de biologie mal digérée en seront bannis. La composition se précisera dans les parties, avec la langue ; la construction sera sévère ; l'art nouveau devra être net et clair.

Alors le roman sera sans doute un roman *d'aventures* dans le sens le plus large du mot, le roman des crises du monde intérieur et du monde extérieur, l'histoire des émotions de l'individu et des masses, soit que les hommes cherchent du nouveau dans leur cœur, dans l'histoire, dans la conquête de la terre et des choses, ou dans l'évolution sociale.

MARCEL SCHWOB.

Paris, Mai 1891.

CŒUR DOUBLE

LES STRIGES

> Vobis rem horribilem narrabo...
> mihi pili inhorruerunt.
>
> (T. P. Arbitri *Satiræ*).

Nous étions couchés sur nos lits, autour de la table somptueusement servie. Les lampes d'argent brûlaient bas; la porte venait de se fermer derrière le jongleur, qui avait fini par nous lasser avec ses cochons savants; et il y avait dans la salle une odeur de peau roussie, à cause des cercles de feu par lesquels il faisait sauter ses bêtes grognantes. On apportait le dessert : des gâteaux au miel chaud, des oursins confits, des œufs chaperonnés en beignets de pâte, des grives à la sauce, farcies de fleur de farine, de raisins secs et de noix. Un esclave syrien chantait sur un mode aigre, tandis qu'on passait les plats. Notre hôte effila entre ses doigts les longs cheveux de son mignon, étendu près de lui, se piqua gracieusement les dents avec une spatule dorée; il était ému par de nombreuses coupes de vin cuit, qu'il buvait avidement, sans le mêler, et il commença ainsi avec quelque confusion :

« Rien ne m'attriste plus que la fin d'un repas. Je suis obligé de me séparer de vous, mes chers amis. Cela me rappelle invinciblement l'heure où il faudra vous quitter pour tout de bon. Oh! oh! que l'homme est donc peu de chose! Un hommelet, tout au plus. Travaillez beaucoup, suez, soufflez, faites campagne en Gaule, en Germanie, en Syrie, en Palestine, amassez votre argent pièce à pièce, servez de bons maîtres, passez de la cuisine à la table, de la table à la faveur; ayez les cheveux longs comme ceux-ci, où je m'essuie les doigts; faites-vous affranchir; tenez maison à votre tour, avec des clients comme j'en ai; spéculez sur les terrains et les transports de commerce, agitez-vous, démenez-vous : depuis l'instant où le bonnet d'affranchi vous aura touché la tête, vous vous sentirez asservi à une maîtresse plus puissante, dont aucune somme de sesterces ne vous délivrera. Vivons, tandis que nous nous portons bien. Enfant, verse du Falerne. »

Il se fit apporter un squelette d'argent articulé, le coucha dans diverses positions sur la table, soupira, s'essuya les yeux, et reprit :

« La mort est une chose terrible, dont la pensée m'assiège surtout quand j'ai mangé. Les médecins que j'ai consultés ne peuvent me donner aucun conseil. Je crois que ma digestion est mauvaise. Il y a des jours où mon ventre mugit comme un taureau. Il faut se garder de ces inconvénients. Ne vous gênez pas, mes amis, si vous êtes incommodés. L'anathymiase peut monter au cerveau, et on est perdu. L'empereur Claude avait coutume d'agir ainsi, et personne ne riait. Mieux vaut être incivil que risquer sa vie. »

Il songea encore quelques instants; puis il dit :

« Je ne peux chasser mon idée. Quand je pense à la mort, j'ai devant mes yeux toutes les personnes que j'ai vu mourir. Et si nous étions sûrs de notre corps, après que tout est fini! Mais, pauvres nous, misérables que nous sommes, il y a des puissances mystérieuses qui nous guettent, je vous le jure par mon génie. On en voit dans les carrefours. Elles ont la forme de vieilles femmes, et la nuit elles sont faites en manière d'oiseaux. Un jour, quand je demeurais encore dans la rue Étroite, mon âme m'est montée au nez, de frayeur : il y en avait une qui allumait un feu de roseaux, dans une niche du mur; elle versait du vin dans une gamelle de cuivre, avec des poireaux et du persil; elle y jetait des noix avelines et les examinait. Dieux irrités! quels regards elle dardait! Après, elle prit des fèves dans son sac et les éplucha avec ses dents aussi vite qu'une mésange qui pique du chenevis; et elle crachait les enveloppes autour d'elle comme des cadavres de mouches.

« C'était une « striga », je n'en doute pas ; et si elle m'avait aperçu, elle m'aurait peut-être paralysé avec son mauvais œil. Il y a des gens qui sortent, la nuit, qui se sentent parcourus de souffles ; ils tirent leur épée, font le moulinet, se battent contre des ombres. Le matin, ils sont couverts de meurtrissures et la langue leur pend au coin de la bouche. Ils ont rencontré les striges. J'ai vu des hommes forts comme des bœufs et même des loups-garous qu'elles mettaient à mal.

« Ces choses sont vraies, je vous les affirme. D'ailleurs ce sont des faits reconnus. Je n'en parlerais pas et je pourrais en douter s'il ne m'était arrivé une aventure qui me fit dresser tous les poils.

« Lorsqu'on veille les morts, on peut entendre les striges : elles chantent des airs qui vous emportent et auxquels on obéit malgré soi. Leur voix est suppliante et plaintive, flûtée comme celle d'un oiseau, tendre comme les gémissements d'un petit enfant qui appelle ; rien ne peut y résister. Quand je servais mon maître, le banquier de la voie Sacrée, il eut le malheur de perdre sa femme. J'étais triste dans ce moment : car la mienne venait de mourir — belle créature, ma foi, et bien en chair — mais je l'aimais surtout pour ses bonnes manières. Tout ce qu'elle gagnait était pour moi ; si elle n'avait qu'un as, elle m'en donnait la moitié. Comme je rentrais à la « villa », je vis des objets blancs qui remuaient parmi les tombeaux. Je meurs de frayeur, surtout parce que j'avais laissé une morte en ville ; je cours à la maison de campagne, et je trouve, en passant sur le seuil, quoi ? Une flaque de sang avec une éponge trempée dedans.

« Et à travers la maison j'entends des hurlements et des pleurs ; car la maîtresse était morte à la tombée de la nuit. Les servantes déchiraient leurs robes et s'arrachaient les cheveux. On voyait une seule lampe, comme un point rouge, au fond de la chambre. Le maître parti, j'allumai un grand copeau de sapin, près de la fenêtre ; la flamme était pétillante et fumeuse tant que le vent agitait les tourbillons gris dans la chambre ; la lumière se baissait et se relevait avec un soufflement ; les gouttes de résine suintaient le long du bois et crépitaient.

« La morte était couchée sur le lit ; elle avait la figure verte et une multitude de petites rides autour de la bouche et aux tempes. Nous lui avions attaché un linge autour des joues pour empêcher ses mâchoires de s'ouvrir. Les papillons de nuit secouaient en cercle, près de la torche, leurs ailes jaunes ; les mouches se promenaient lentement sur le haut du lit, et chaque bouffée de vent faisait entrer des feuilles sèches, qui tournoyaient. Moi, je veillais au pied, et je pensais à toutes les histoires, aux mannequins de paille qu'on trouve le matin à la place des cadavres, et aux trous ronds que les sorcières viennent faire dans les figures pour sucer le sang.

« Voilà que s'éleva parmi les huées du vent un son strident, aigre et tendre; on eût dit qu'une petite fille chantait pour supplier. Le mode flottait dans l'air et entrait plus fort avec les souffles qui éparpillaient les cheveux de la morte; cependant j'étais comme frappé de stupeur et je ne bougeais pas.

« La lune se mit à briller avec une lumière plus pâle; les ombres des meubles et des amphores se confondirent avec la noirceur du sol. Mes yeux, qui erraient, tombèrent sur la campagne et je vis le ciel et la terre s'illuminer d'une lueur douce, où les buissons lointains s'évanouissaient, où les peupliers ne marquaient plus que de longues lignes grises. Il me sembla que le vent s'apaisait et que les feuilles ne remuaient plus : je vis glisser des ombres derrière la haie du jardin. Puis mes paupières me parurent de plomb et se fermèrent; je sentis des frôlements très légers.

« Soudain, le chant du coq me fit tressauter, et un souffle glacé du vent matinal froissa les cimes des peupliers. J'étais appuyé au mur; par la fenêtre je voyais le ciel d'un gris plus clair et une traînée blanche et rose du côté de l'Orient. Je me frottai les yeux, — et lorsque je regardai ma maîtresse, — que les dieux m'assistent! — je vis que son corps était couvert de meurtrissures noires, de taches d'un bleu sombre, grandes comme un as, — oui, comme un as, — et parsemées sur toute la peau. Alors je criai et je courus vers le lit; la figure était un masque de cire sous lequel on vit la chair hideusement rongée; plus de nez, plus de lèvres, ni de joues, plus d'yeux : les oiseaux de nuit les avaient enfilés à leur bec acéré, comme des prunes. Et chaque tache bleue était un trou en entonnoir, où luisait au fond une plaque de sang caillé; et il n'y avait plus ni cœur, ni poumons, ni aucun viscère; car la poitrine et le ventre étaient farcis avec des bouchons de paille.

« Les striges chanteuses avaient tout emporté pendant mon sommeil. L'homme ne peut pas résister au pouvoir des sorcières. Nous sommes le jouet de la destinée. »

Notre hôte se mit à sangloter, la tête sur la table, entre le squelette d'argent et les coupes vides. « Ah! ah! pleurait-il, moi le riche, moi qui peux aller à Baies par mes propriétés, moi qui fais publier un journal pour mes terres, avec ma troupe d'acteurs, mes danseurs et mes mimes, ma vaisselle plate, mes maisons de campagne et mes mines de métaux, je ne suis qu'un misérable corps — et les striges pourront bientôt venir le trouer. » L'enfant lui tendit un pot d'argent, et il se souleva.

Cependant les lampes s'éteignaient; les convives s'agitaient lourdement avec un murmure vague; les pièces d'argenterie s'entrechoquaient, et l'huile d'une lampe renversée mouillait toute la table. Un baladin entra sur la pointe des pieds, la figure plâtrée, le front rayé de lignes noires ; et nous nous enfuimes par la porte ouverte, entre une double haie d'esclaves nouvellement achetés, dont les pieds étaient encore blancs de craie.

LE SABOT

La forêt du Gâvre est coupée par douze grands chemins. La veille de la Toussaint, le soleil rayait encore les feuilles vertes d'une barre sang et or, quand une petite fille errante parut sur la grand'-route de l'Est. Elle avait un fichu rouge sur la tête, noué sous son menton, une chemise de toile grise avec un bouton de cuivre, une jupe effiloquée, une paire de petits mollets dorés, ronds comme des fuseaux, qui plongeaient dans des sabots garnis de fer. Et lorsqu'elle arriva au grand carrefour, ne sachant où aller, elle s'assit près de la borne kilométrique et se mit à pleurer.

Or la petite fille pleura longtemps, si bien que la nuit couvrait toutes choses tandis que les larmes coulaient entre ses doigts. Les orties laissaient pencher leurs grappes de graines vertes. Les grands chardons fermaient leurs fleurs violettes, la route grise au loin grisonnait encore plus dans le brouillard. Sur l'épaule de la petite montèrent tout-à-coup deux griffes avec un museau fin; puis un corps velouté tout entier, suivi d'une queue en panache, se nicha dans ses bras, et l'écureuil mit son nez dans sa manche courte de toile. Alors la petite fille se leva, et entra sous les arbres, sous des arceaux de branches entrelacées, avec des buissons épineux piqués de prunelles d'où jaillissaient soudain des noisetiers et des coudriers, tout droit vers le ciel. Et au fond d'un de ces berceaux noirs, elle vit deux flammes très rouges. Les poils de l'écureuil se hérissèrent; quelque chose grinça des dents, et l'écureuil sauta par terre. Mais la petite fille avait tant couru par les chemins qu'elle n'avait plus peur, et elle s'avança vers la lumière.

Un être extraordinaire était accroupi sous un buisson, avec des yeux enflammés et une bouche d'un violet sombre; sur sa tête deux cornes pointues se dressaient, et il y piquait des noisettes qu'il cueillait sans cesse avec sa longue queue. Il fendait les noisettes sur ses cornes, les épluchait de ses mains sèches et velues, dont l'intérieur était rose, et grinçait des dents pour les manger. Quand il vit la petite fille, il s'arrêta de grignoter, et resta à la regarder, en clignant continuellement des yeux.

— Qui es-tu ? dit-elle.

— Ne vois-tu pas que je suis le diable? répondit la bête en se dressant.

— Non, monsieur le diable, cria la petite fille; mais, o... o... oh... ne me faites pas de mal. Ne me fais pas mal, monsieur le diable. Je ne te connais pas, vois-tu; je n'ai jamais entendu parler de toi. Est-ce que tu es méchant, monsieur?

Le diable se mit à rire. Il avança sa griffe pointue vers l'enfant et jeta ses noisettes à l'écureuil. Quand il riait, les bouquets de poils qui poussaient de ses narines et de ses oreilles dansaient dans sa figure

— Mon enfant, dit le diable, tu es la bienvenue. J'aime les personnes simples. Tu me fais l'effet d'être une bonne petite fille; mais tu ne sais pas ton catéchisme. On t'apprendra peut-être plus tard que j'emporte les hommes : tu vas bien voir que ce n'est pas vrai. Tu ne viendras avec moi que si tu le veux.

— Mais, dit la petite, je ne veux pas, diable. Tu es vilain; chez toi, ça doit être tout noir. Moi, vois-tu, je cours dans le soleil, sur la route; je ramasse des fleurs, et, quelquefois, quand passent des dames ou des messieurs, ils me les prennent pour des sous. Et le soir, il y a des bonnes femmes qui me mettent à coucher dans la paille ou dans le foin, des fois. Seulement ce soir je n'ai rien mangé, parce que nous sommes en forêt.

Et le diable dit : — « Écoute, petite fille, et n'aie pas peur. Je vais te tirer d'affaire. Ton sabot est tombé, remets-le. »

Comme il parlait, le diable cueillait une noisette avec sa queue, et l'écureuil en croquait une autre.

La petite fille glissa son pied mouillé dans le gros sabot, et se trouva tout-à-coup sur la grand'route, le soleil levé dans des bandes rouges et violettes à l'Orient, parmi l'air piquant du matin, la brume flottant encore sur les prés! Il n'y avait plus ni forêt, ni écureuil, ni diable. Un charretier ivre, qui passait au galop, emportant une charretée de veaux qui meuglaient sous une bâche trempée, lui cingla les jambes d'un coup de fouet en manière de salut. Les mésanges à tête bleue piaillaient dans les haies d'aubépine semées de fleurs blanches. La petite fille, étonnée, se remit à marcher. Elle dormit sous une yeuse, à l'angle d'un champ. Et le lendemain elle continua sa route. De chemin en chemin elle arriva parmi des landes pierreuses, où l'air était salé.

Et plus loin elle trouva des carrés de terre, pleins d'eau saumâtre, avec des meules de sel qui jaunissaient au croisement des levées. Des culs-blancs et des hoche-queue picoraient le crottin sur la route. De larges volées de corbeaux s'abattaient de champ en champ avec des croassements rauques.

Un soir elle trouva assis sur la route un mendiant déguenillé, le front bandé de vieille toile, avec un cou sillonné de cordes raides et tordues, et des paupières rouges retournées. Quand il la vit arriver, il se leva et lui barra le chemin de ses bras étendus. Elle poussa un cri; ses deux gros sabots glissèrent sur la passerelle du ruisseau qui coupait la route : la chute et l'effroi la firent pâmer. L'eau en sifflottant lui baignait les cheveux; les araignées rouges couraient entre les feuilles de nénuphars pour la regarder; les grenouilles vertes accroupies la fixaient en avalant l'air. Cependant le mendiant se gratta lentement la poitrine sous sa chemise noircie et reprit sa route en traînant la jambe. Peu à peu le cliquètement de sa sébile contre son bâton s'évanouit.

La petite se réveilla sous le grand soleil. Elle était meurtrie et ne pouvait remuer son bras droit. Assise sur la passerelle, elle tâchait de résister aux étourdissements. Puis, au loin, sur la route, sonnèrent les grelots d'un cheval; un peu après, elle entendit le roulement d'une voiture. Abritant ses yeux du soleil avec la main, elle vit une coiffe blanche qui brillait entre deux blouses bleues. Le char-à-bancs avançait rapidement; devant trottinait un petit cheval breton au collier garni de grelots, avec deux plumeaux fournis au-dessus des œillères. Lorsqu'il fut à la hauteur de la petite, elle tendit son bras gauche en suppliant.

La femme cria : « Ma fi, dirait-on pas une garçaille qui chine? Arrête donc le cheval, toi, Jean, voir ce qu'elle a. Tiens bon que je descende et qu'il ne se trotte pas. Ho! ho! allons donc! Voyons voir ce qui la tient. »

Mais lorsqu'elle la regarda, la petite était déjà repartie pour le pays des songes. Le soleil lui avait trop piqué les yeux, et aussi la route blanche, et la douleur sourde de son bras lui avait étranglé le cœur dans la poitrine.

— On dirait qu'elle va passer, souffla la paysanne. Pauv' ch'tiote. C'est-y une diote ou ben qu'elle a été mordue par un cocodrille ou un sourd, des fois ? C'est ben malicieux, ces bêtes-là ; ça court la nuit par les chemins. Jean, tiens la carne, qu'elle ne se trotte pas. Mathurin va me donner un coup de main pour la monter.

Et la carriole la cahota, le petit cheval trottinant devant avec ses deux plumeaux qui se secouaient chaque fois qu'une mouche lui chatouillait la chanfrein, et la femme en coiffe blanche, serrée entre les blouses bleues, se tournait de temps à autre vers la petite, encore très pâle ; et elle arriva enfin dans une maison de pêcheur, coiffée de chaume ; lequel pêcheur était un des plus conséquents du pays et avait donc de quoi faire, et pouvait envoyer son poisson au marché dans le cul d'une charrette.

Là se termina le voyage de la petite. Car elle resta toujours depuis chez ces pêcheurs. Et les deux blouses bleues étaient Jean et Mathurin ; et la femme en coiffe blanche était la mère Mathô, et le vieux allait en pêche dans une chaloupe. Or, ils gardèrent la petite fille, pensant qu'elle serait utile pour mener la maison. Et elle fut élevée comme les gars et garçailles des mathurins, avec la garcette. Les bourrées et les taloches descendirent sur elle bien souvent. Et lorsqu'elle prit de l'âge, à force de raccommoder les filets, et de manier les plombs, et de mener l'écopette, et éplucher le goëmon, et laver les cabans, et tremper les bras dans l'eau grasse et dans l'eau salée, ses mains devinrent rouges et éraillées, ses poignets ridés comme le cou d'un lézard ; et ses lèvres noires donc, et sa taille carrée, sa gorge pendante, et ses pieds bien durs et cornés, pour avoir passé maintes fois sur les pustules de cuir du varech et les bouquets de moules violacées qui râclent la peau avec le tranchant de leurs coquilles. De la petite fille de jadis il ne restait guère, sinon deux yeux comme des braises et un teint jus de pipe ; joues flétries, mollets tordus, dos courbé par les pânerées de sardines, c'était une cheminote devenue bonne à marier. Elle fut donc promise à Jean, et devant que les accordailles eussent tinté par tout le caquet du village, il y avait un bon à-compte de pris sur les épousailles. Et ils se marièrent tranquillement : l'homme alla pêcher au chalut et boire au retour des bolées de cidre avec des verrées de rhum.

Il n'était pas beau avec sa figure osseuse et un toupet de cheveux jaunes entre deux oreilles pointues. Mais il avait les poings solides : le lendemain des jours où il était saoul, la Jeanne avait des bleus. Et elle eut une trâlée d'enfants accrochés à ses jupes quand elle râclait sur le pas de la porte la marmite aux groux. Eux aussi furent élevés comme des gars et garçailles de mathurins, à la garcette. Les journées se passèrent l'une après l'autre, monotones et encore monotones, à débarbouiller les petits et à raccommoder les filets, à coucher le vieux quand il rentrait plein, et les bons soirs, des fois, à jouer au trois-sept avec les commères, pendant que la pluie claquait contre les carreaux et que le vent rabattait les brindilles dans l'âtre.

Et puis l'homme se perdit à la mé; la Jeanne le pleura dans l'église. Elle fut longtemps la figure raidie et les yeux rouges. Les enfants poussèrent et partirent, qui par ci, qui par là. Finalement, elle resta seule, vieille, béquillarde, ratatinée, chevrotante; elle vivait avec un peu d'argent que lui envoyait un de ses fils qui était gabier. Et un jour, comme l'aurore poignait, les rayons gris qui entrèrent par les carreaux fumeux éclairèrent l'âtre éteint et la vieille qui râlait. Dans le hoquet de la mort, ses genoux pointus soulevaient ses hardes.

Tandis que la dernière bouffée d'air chantait dans sa gorge, on entendait sonner matines, et ses yeux s'obscurcirent tout à coup : elle sentit qu'il faisait nuit; elle vit qu'elle était dans la forêt du Gâvre; elle venait de remettre son sabot; le diable avait cueilli une noisette avec sa queue, et l'écureuil achevait d'en croquer une autre.

Et elle s'écria de surprise en se retrouvant toute petite, avec son fichu rouge, sa chemise grise et sa jupe déchirée; puis elle s'écria de peur : « Oh! gémit-elle en faisant le signe de la croix, tu es le diable et tu viens m'emporter! » — « Tu as fait des progrès, dit le diable, tu és libre de venir. » — « Comment ! dit-elle, ne suis-je point pécheresse et ne vas-tu pas me brûler, mon Dieu ? » — « Non pas, dit le diable : tu peux vivre ou venir avec moi. » — « Mais, Satan, je suis morte ! — « Non pas, dit le diable : il est vrai que je t'ai fait vivre toute ta vie, mais pendant l'instant seulement que tu as remis ton sabot. Choisis entre la vie que tu as menée et le nouveau voyage que je t'offre. »

Alors la petite se couvrit les yeux de sa main et pensa. Elle se rappela ses peines et ses ennuis, et sa vie triste et grise; elle se sentit lasse pour tout recommencer.

— Eh bien ! dit-elle au diable, je suis damnée, mais je te suis.

Le diable siffla un jet de vapeur blanche de sa bouche violet-sombre, enfonça ses griffes dans la jupes de la petite fille, et, ouvrant de grandes ailes noires de chauve-souris, monta rapidement au-dessus des arbres de la forêt. Des gerbes de feu rouge jaillissaient comme des fusées de ses cornes, des bouts de ses ailes et des pointes de ses pieds; la petite pendait inerte, comme un oiseau blessé.

Mais, soudain, douze coups sonnèrent à l'église de Blain, et de tous les champs sombres montèrent des formes blanches, des femmes et des hommes, aux ailes transparentes, et qui volaient doucement par les airs. Or, c'étaient les saints et saintes dont venait de commencer la fête; le ciel pâle en était plein, et ils resplendissaient étrangement. Les saints avaient autour de la tête un halo d'or; les larmes des saintes et les gouttes de sang qu'elles avaient versées s'étaient changées en diamants et en rubis qui parsemaient leurs robes diaphanes. Et sainte Madeleine dénoua sur la petite ses cheveux blonds; le diable se recroquevilla et tomba vers la terre comme une araignée au bout de son fil; et elle prit l'enfant dans ses bras blancs et dit :

— Pour Dieu, ta vie d'une seconde vaut des dizaines d'années; il ne connaît point le temps et n'estime que les souffrances : viens fêter la Toussaint avec nous.

Et les haillons de la petite s'abattirent; et l'un après l'autre ses deux sabots tombèrent dans le vide de la nuit, et deux ailes éblouissantes jaillirent de ses épaules. Et elle s'envola, entre sainte Marie et sainte Madeleine, vers un astre vermeil et inconnu où sont les îles des Bienheureux. C'est là qu'un faucheur mystérieux vient tous les soirs, avec la lune pour faucille; et il fauche parmi les prairies d'asphodèles des étoiles scintillantes qu'il sème dans la nuit.

LES TROIS GABELOUS

— « Ho, Pen-Bras, n'entends-tu pas un bruit de rames? » dit le Vieux en secouant le tas de foin où ronflait un des trois douaniers gardes-côtes. La grosse figure du dormeur était à demi cachée par son caban, et des brins d'herbe sèche se dressaient sur ses sourcils. Dans l'angle rentrant de la porte de planches clouées, le Vieux éclairait de sa lanterne à flamme vacillante le bat-flanc sur lequel il était étendu. Le vent susurrait entre les pierres du mur, mal noyées dans la boue durcie. Pen-Bras se retourna en grommelant, et continua à dormir. Mais le Vieux le poussa si rudement qu'il dégringola du bat-flanc debout sous la fourchette du toit, les jambes écarquillées, les yeux bêtes.

— Qu'est-ce qu'il y a, Vieux? demanda-t-il.
— Chut! — écoute..., dit l'autre.

Ils écoutèrent, silencieux, en regardant de toutes

leurs forces dans la bruine noire. Parmi les accalmies du vent qui portait d'ouest on entendait un doux clapotis régulier.

— Enfoncés ! dit Pen-Bras. Faut réveiller la Tourterelle.

Le Vieux abrita le haut de sa lanterne avec un pan de caban, et ils longèrent le mur de la cahute, qui s'épatait sur la falaise comme un toit fauché. La Tourterelle était couché de l'autre côté, sous le bout de hangar qui regardait les champs ; une cloison de poutres où l'on avait plaqué de la terre sèche, pétrie de chaume, coupait la bicoque en deux. Les trois gabelous, debout sur le sentier sinueux qui court tout le long de la côte, tendirent l'oreille et essayèrent de percer des yeux la nuit épaisse.

— Pour sûr, j'entends nager, murmura le Vieux après un silence ; mais c'est drôle — on dirait que les rames sont emmitouflées... c'est du velours — ça ne clapote pas sec.

Ils restèrent là une minute, la main sur leur capuchon pour se garder du vent. Le Vieux était depuis longtemps dans le service ; il avait les joues creuses, la moustache blanche, et jutait souvent à droite et à gauche. La Tourterelle était beau gars, et chantait comme pas un, à la brigade, quand il n'était pas de ronde. Pen-Bras avait les yeux enfoncés, de grosses joues, le nez crochu, et une marque de lie de vin lui zébrait la figure du coin de l'œil au pli du cou. Depuis son temps, qu'il avait tiré dans la ligne, le nom de

Forte-Tête lui était resté, parce qu'il mangeait de la boîte à l'œil, se moquant du tiers comme du quart ; et les pays gallots l'appelaient maintenant Pen-Bras. Ils étaient, ces trois gabelous, de garde à Port-Eau. Port-Eau est une crique longue, découpée dans la côte bretonne, à mi-chemin des Sablons et de Port-Min. La mer vient lécher entre deux murailles de rochers sombres une plage de sable noir sur laquelle dorment des monceaux de moules pourries et d'algues pustuleuses. Les contrebandiers y atterrissent, venant d'Angleterre, souvent d'Espagne, parfois avec des allumettes, des cartes et de l'eau-de-vie où dansent des paillettes d'or. La maison blanche de la brigade pointe au fond de l'horizon, perdue dans les champs de blé.

La nuit couvrait tout cela. Du haut de la falaise on pouvait suivre la longue frange d'écume qui bordait la côte, les lames courtes coiffées d'aigrettes lumineuses. Rien ne tranchait sur la mer brune que le bris de la houle. Épaulant leurs fusils, les trois gabelous dévalèrent le long du sentier pierreux qui descend du haut de la falaise au fond de la plage noire. Leurs godillots s'attachaient dans la boue ; les canons bronzés de leurs flingots dégouttaient d'eau ; et ils marchaient à la file, trois cabans sombres. A mi-chemin ils s'arrêtèrent, penchés sur le bord — et restèrent pétrifiés de surprise, les yeux fixes.

Par la trouée du Port-Eau ils voyaient, à vingt encâblures de la côte, un vaisseau de forme surannée ; un fanal attaché au beaupré se balançait çà et là ;

le foc rouge, éclairé par moments, scintillait comme une nappe de sang. Une yole était en panne près du rivage, et barbotant à mi-jambes dans la vase, des hommes étrangement accoutrés gagnaient la plage, ployés sous des fardeaux. Quelques-uns, couverts de surcots de bure avec leurs cagoules, tenaient des lanternes dont le reflet était pareil à la flamme du soufre. On ne voyait la figure d'aucun ; mais cette lumière verdâtre illuminait un fouillis de sayons, de pourpoints crevés et tailladés de bleu ou de rose, de toques emplumées, de hauts-de-chausse et de bas de soie. Sous les capes à l'espagnole brodées d'or ou d'argent, brillaient par éclairs les plaques d'émail des ceintures ou des baudriers, flamboyaient le pommeau d'une dague, le bout de quillon d'une épée ; deux haies d'hommes coiffés de morions, portant rondache, pertuisane, encadraient le convoi. Tous se démenaient et s'agitaient ; les uns montraient la falaise du bout de leurs arquebuses ; les autres, drapés de manteaux, sanglés dans leurs pourpoints à la marinière, dirigeaient par leurs gestes les hommes qui s'avançaient pesamment, chargés de caisses oblongues à bandes de fer. Et, malgré leurs gesticulations et le cliquetis qu'on aurait dû entendre des brigantines heurtant les cuirasses, des pertuisanes entre-choquées, des salades tintantes, nul bruit ne montait jusqu'aux trois gabelous : les manteaux déployés de ces hommes et leurs chapes semblaient étouffer tout tumulte.

— Ça doit venir d'Espagne, cette racaille, dit Pen-Bras à mi-voix. On va les pincer au demi-cercle par derrière — après on tirera pour avertir la brigade. Faut rien dire maintenant; faut les laisser débarquer leurs ballots.

Se courbant sous les haies de mûriers qui poussent à l'air salé, Pen-Bras, le Vieux et la Tourterelle se glissèrent jusqu'au bout du sentier. La lumière phosphorescente filtrait à travers les branches d'épines. Comme ils arrivaient au ras du sable, brusquement elle s'éteignit. Les trois douaniers eurent beau se tirailler les yeux à chercher la contrebande bigarrée; plus rien. Ils coururent jusqu'à l'eau mourante; le Vieux balança sa lanterne, elle n'éclaira que la traînée d'algues noires et les tas croupissants de moules et de goëmons. Tout à coup il vit briller quelque chose dans la vase; il fonça dessus : c'était une pièce d'or, — et en l'approchant du hublot, les gabelous remarquèrent qu'elle n'était pas monnayée, mais frappée d'un signe bizarre. — De nouveau ils tendirent l'oreille, et parmi les pleurs du vent, ils crurent percevoir encore les sanglots des rames.

— Les voilà qui démarrent, dit la Tourterelle : vite le youyou à l'eau. Il y a de l'or là-dedans.

— Faut voir, répondit le Vieux.

Le canot de la douane détaché, ils y sautèrent tous trois, le Vieux à la barre, Pen-Bras et la Tourterelle aux rames.

— Oh hisse ! dit Pen-Bras. La coterie, souque ferme !

Le canot vola sur les vagues moutonnantes. La crique de Port-Eau ne parut bientôt plus qu'une échancrure sombre; devant s'étendait la baie de Bourgneuf, peuplée de lames à tête frisée. Au fond, à droite, une lumière rougeâtre s'éclipsait à intervalles réguliers; elle paraissait de temps en temps par les trouées de la pluie fine.

— C'est une nuit, celle-là! dit le Vieux, en se coupant une chique à la lueur du fanal. C'est une nuit sans lune. On aura besoin d'ouvrir l'œil, si on double Saint-Gildas. Ces fraudeurs-là, on ne sait jamais par où ça passe.

— Gare dessous! cria Pen-Bras, la voilà!

Trois encâblures sous le vent, un vaisseau obscur se balançait; la yole semblait rentrée; voiles carguées, il glissait sur l'eau. Le foc seul ballottait, trempant à chaque coup de tangage sa pointe sanguinolente dans la mer. La coque était haute et goudronnée, toute lisse, comme une muraille noire de rempart; par les sabords ouverts, sept gueules de cuivre rouge bâillaient à tribord.

— Mazette! c'est haut, dit la Tourterelle. Ferme, les bras! Nage dur. On va gagner sur eux. N'y a pas trois encâblures.

> En v'là déjà-z-une.
> Oh! quoll'joli'-z-une!
> Une s'en va s'en allant
> Une vient de s'en aller.

Mais le vaisseau fuyait insensiblement, comme un

oiseau de proie, sans battre des ailes. Le château de gaillard d'arrière plongeait souvent sur eux. Le timonier à la barre regardait fixement le tillac. Des figures osseuses, comme des squelettes, aux yeux caves, se penchaient le long des bastingages, avec de longs bonnets de laine. Dans l'habitacle éclairé d'un rouge fumeux, on entendait jurer et tinter de l'argent.

— Nom d'un nom! dit Pen-Bras, nous n'aborderons pas.

— Faut voir, dit tranquillement le Vieux. Pour moi, nous sommes sortis de la Houle à chasser une galiote fée.

— On ne donnerait pas la chasse! cria la Tourterelle. Y a de l'or là-dedans.

— Y a de l'or là-dedans, sûr, répéta Pen-Bras.

— C'est peut-être vrai, tout de même, qu'il y a de l'or, — reprit le Vieux. Quand j'étais au service, les mathurins dégoisaient sur la galiote à Jean Florin — un homme d'attaque qui avait pris dans les temps anciens des millions en or qu'on envoyait au roi des Espagnes. Faut croire qu'il les a pas débarqués. Faut voir, tout de même.

— Ça, c'est des histoires de loups-garous, mon Vieux, dit Pen-Bras. Il a bu la goutte à la grande tasse, ce Florin, depuis le temps des anciens rois.

— Sûr, dit le Vieux, en hochant la tête. Il a dansé sa dernière galipette au bout de la grande vergue. Mais ses copins, faut croire qu'ils se sont terrés quelque part, puisqu'on les a jamais revus. Il y en avait de Dieppe, et de Saint-Malo, et des matelots de tout le long de la côte, jusqu'à des Basques de Saint-Jean-de-Luz. Ça se connaît, sur la mé, les matelots, et au pays. Qui sait s'ils n'ont pas pris une île, quelque part? Il y en a, des îles, à prendre.

— Bon Dieu, une île, dit Pen-Bras. Mais c'est leurs petits, alors, qu'est devenus grands-pères et qu'a fait d'autres petits qui sont gabiers. Et c'est eux qui débarquent les millions.

— Peut-être bien; qui sait? ricana le Vieux en clignotant des yeux et en poussant sa chique de la langue. Faut voir. Ça pourrait bien être pour terrer l'or et faire de la fausse monnaie.

— Ma vieille, cria la Tourterelle, de l'huile de bras! souquons, nageons! Ces mathurins du vieux temps, ça ne sait pas les tours de bâton du jour d'aujourd'hui. Nous leur monterons le coup. Ah! quelle noce!

La lune montra par une trouée son orbe lavé. Les matelots nageaient depuis trois heures; les veines de leurs bras étaient gonflées; la sueur leur coulait du col. Par le travers de Noirmoutier, ils aperçurent le gros galion qui fuyait toujours sous le vent, une masse noire avec le fanal et le foc, comme une piqûre de sang. Et puis la nuit se referma sur la lune jaune.

— Bon sang de bon Dieu! dit Pen-Bras, on passe les Piliers de ce coup!

— Va toujours! chanta la Tourterelle entre les dents.

— Faut voir, grommela le Vieux. Sortons le mouchoir ; on est dans la grosse mé, à cette heure. Ça va souffler présentement dans la grande largeur ; Pen-Bras, nage seul ! — la Tourte, largue l'écoute !

La petite chaloupe, toile au vent, fila entre Noirmoutier et les Piliers ; un moment les trois gabelous virent tourner le phare à éclipses, et la mer phosphorescente rejaillir sur l'îlot rocheux en crêtes blanches. Puis l'obscurité complète de l'océan noir. Le sillage du galion s'éclaira, comme un ruban d'eau verte à broderies mouvantes ; les méduses y flottaient, gelées transparentes qui agitaient leurs tentacules, poches visqueuses et pellucides, étoiles radiantes et diaphanes, monde cristallin d'êtres lumineux et gluants. A l'arrière du galion, un sabord s'ouvrit soudain ; une tête grimaçante à bouche édentée, casquée d'un armet couleur d'or, s'inclina vers les trois gabelous ; une main décharnée brandit une bouteille noire et la jeta à l'eau.

— Ho ! cria Pen-Bras, par bâbord ! — Une bouteille à la mer !

La Tourterelle, plongeant la main dans une vague, happa le flacon par le col ; bouche bée, les trois gabelous admirèrent la couleur orangée du liquide où flottaient encore des ronds moirés d'or, — toujours d'or. Pen-Bras, cassant le goulot, lampa longuement :

— C'est du vieux tafia, dit-il ; mais ça sent fort.

Une odeur nauséabonde s'échappait de la bouteille.

Les trois copins burent leur saoûl pour se ravigoter.

Et puis le vent se leva ; la houle verte roula et tangua la barque ; les lames courtes secouèrent les avirons ; le sillage du galion s'éteignit insensiblement, et la barque resta seule, noyée en pleine mer.

Alors Pen-Bras se mit à jurer, la Tourterelle à chanter, et le Vieux à marmotter tête basse. Les avirons partirent à vau-l'eau ; les trois gabelous ballottèrent d'une joue de la barque à l'autre, tandis que les montagnes d'eau la secouaient comme une coque de noix. Et les douaniers perdus entrèrent dans un rêve merveilleux d'ivresse. Pen-Bras voyait un pays doré, du côté de l'Amérique, où on licherait du vin grenat à pleins pots ; et une femme gentille donc, dans une maisonnette blanche, parmi les fûts verdoyants d'une châtaigneraie ; et des petits en ribambelle grignotant les châtaignes douces. Le potager donnerait des oranges sucrées à manger en salade, et le verger des noix de coco avec du rhum. Et le monde vivrait en paix, sans soldats.

Le Vieux rêvait d'une ville ronde, bien emmuraillée de remparts, où pousseraient par allées des marronniers à feuilles dorées et en fleurs ; le soleil d'automne les éclairerait toujours de ses rayons obliques ; il aurait son petit chez-soi de percepteur, et promènerait à la musique, sur les fortifications, la croix rouge que sa ménagère coudrait à sa redingote. L'or lui donnerait cette belle retraite après un long service sans avancement.

La Tourterelle était transporté dans une île frangée par la mer bleue, où les bois de cocotiers venaient baigner dans l'eau. Sur les plages sablonneuses croissaient des prairies de grandes plantes, dont les feuilles avaient l'air de glaives verts; leurs larges fleurs sanglantes étaient éternellement épanouies. Des femmes brunes passaient parmi ces herbages, le regardant de leurs yeux noirs, humides, et la Tourterelle, chantant ses chansons joyeuses dans l'air pur et bleuâtre de la mer, les embrassait toutes sur leurs lèvres rouges : il était devenu, dans cette île, achetée avec son or, le Roi Tourterelle.

Et puis, quand le jour gris se leva, parmi les traînées de nuages noirâtres, au bout de la mer, les trois douaniers se réveillèrent, la tête vide, la bouche mauvaise, les yeux fiévreux. Le ciel plombé s'étendait à perte de vue sur l'immensité gris-sale de l'océan; une houle uniforme clapotait autour d'eux; le vent froid leur balayait les embruns dans la figure. Mornes, accroupis au fond de leur barque, ils contemplèrent cette désolation. Les lames troublées charriaient des paquets de goëmon ; les mouettes voletaient en criant, flairant la tempête; passant de vague en vague, plongeant et se relevant, le you-you pointait au hasard, sans boussole. Un ris fit claquer l'écoute; puis la voile battit longtemps le petit mât, s'aplatissant sous les bourrasques.

Quand il vint, l'ouragan les poussa au Sud, vers le golfe de Gascogne. Ils ne virent plus jamais la côte bretonne, à travers les raies de la pluie fine et les rafales du grain. Ils grelottèrent le froid et la faim, sur les bancs de leur barque, qui pourrissaient d'humidité. Peu à peu, ils cessèrent d'écoper l'eau dont les lames déferlantes emplissaient le you-you ; la famine leur tire-bouchonna l'estomac et leur fit bourdonner les oreilles ; et ils sombrèrent, les trois Bretons, croyant entendre, dans les tintements de leur sang, le glas du clocher de Sainte-Marie.

Et l'Atlantique monotone emporta dans ses flots gris leur rêve doré, le galion du capitaine Jean Florin, qui ne débarqua jamais le trésor du grand Montezuma, flibusté à Fernand Cortès, le Quint royal destiné à Sa Majesté d'Espagne très catholique. Cependant, autour de la quille glissante de la yole renversée, vinrent planer en tournoyant les grandes frégates, et les girandoles de goëlands la frolèrent de leurs ailes, en criant : « *Gab-Lou! Gab-Lou!* »

LE TRAIN 081

Du bosquet où j'écris, la grande terreur de ma vie me paraît lointaine. Je suis un vieux retraité qui se repose les jambes sur la pelouse de sa maisonnette; et je me demande souvent si c'est bien moi — le même moi — qui ai fait le dur service de mécanicien sur la ligne de P.-L.-M., — et je m'étonne de n'être pas mort sur le coup, la nuit du 22 septembre 1865.

Je peux dire que je le connais, ce service de Paris à Marseille. Je mènerais la machine les yeux fermés, par les descentes et les montées, les entrecroisements de voies, les embranchements et aiguillages, les courbes et les ponts de fer. De chauffeur de troisième classe j'étais arrivé mécanicien de première, et l'avancement est bien long. Si j'avais eu plus d'instruction, je serais sous-chef de dépôt. Mais quoi! sur les machines on s'abêtit; on peine la nuit, on dort le jour. De notre temps la mobilisation n'était pas réglée, comme maintenant; les équipes de mécaniciens n'étaient pas formées : nous n'avions pas de tour régulier. Comment étudier? Et moi surtout : il fallait avoir la tête solide pour résister à la secousse que j'ai eue.

Mon frère, lui, avait pris la flotte. Il était dans les machines des transports. Il était entré là-dedans avant 1860, la campagne de Chine. Et la guerre finie, je ne sais comment il était resté dans le pays jaune, vers une ville qu'on nomme Canton. Les Yeux-Tirés l'avaient gardé pour leur mener des machines à vapeur. Sur une lettre que j'avais reçue de lui en 1862, il me disait qu'il était marié, et qu'il avait une petite fille. Je l'aimais bien mon frère, et cela me faisait deuil de ne plus le voir; et nos vieux aussi n'en étaient point contents. Ils étaient trop seuls, dans leur petite cahute, en campagne, tirant sur Dijon; et, leurs deux gars partis, ils dormaient tristement l'hiver, à petits coups, au coin du feu.

Vers le mois de mai 1865, on a commencé à s'inquiéter à Marseille de ce qui se passait au Levant. Les paquebots qui arrivaient apportaient de mauvaises nouvelles de la mer Rouge. On disait que le choléra avait éclaté à la Mecque. Les pèlerins mouraient par milliers. Et puis la maladie avait gagné Suez, Alexandrie; elle avait sauté jusqu'à Constantinople. On savait que c'était le choléra asiatique : les navires restaient en quarantaine au lazaret; tout le monde était dans une crainte vague.

Je n'avais pas grande responsabilité là-dessus; mais je peux dire que l'idée de voiturer la maladie me tourmentait beaucoup. Sûr, elle devait gagner Marseille; elle arriverait à Paris par le rapide. Dans ce temps-là, nous n'avions pas de boutons d'appel pour les voyageurs. Maintenant, je sais qu'on a installé des mécanismes fort ingénieux. Il y a un déclanchement qui serre le frein automatique, et au même moment une plaque blanche se lève en travers du wagon comme une main, pour montrer où est l danger. Mais rien de semblable n'existait alors. Et je savais que si un voyageur était pris de cette peste d'Asie qui vous étouffe en une heure, il mourrait sans secours, et que je ramènerais à Paris, en gare de Lyon, son cadavre bleu.

Le mois de juin commence, et le choléra est à Marseille. On disait que les gens y crevaient comme des mouches. Ils tombaient dans la rue, sur le port, n'importe où. Le mal était terrible; deux ou trois convulsions, un hoquet sanglant, et c'était fini. Dès la première attaque, on devenait froid comme un morceau de glace; et les figures des gens morts étaient marbrées de taches larges comme des pièces de cent sous. Les voyageurs sortaient de la salle aux fumigations avec un brouillard de vapeur puante autour de leurs vêtements. Les agents de la Compagnie ouvraient l'œil; et dans notre triste métier nous avions une inquiétude de plus.

Juillet, août, la mi-septembre se passent; la ville était désolée, — mais nous reprenions confiance. Rien à Paris jusqu'à présent. Le 22 septembre au soir, je prends la machine du train 180 avec mon chauffeur Graslepoix.

Les voyageurs dorment dans leurs wagons, la nuit, — mais notre service, à nous, c'est de veiller, les yeux ouverts, tout le long de la voie. Le jour, pour le soleil, nous avons de grosses lunettes à cage, encastrées dans nos casquettes. On les appelle des lunettes mistraliennes. Les coques de verre bleu nous garantissent de la poussière. La nuit, nous les relevons sur notre front; et avec nos foulards, les oreilles de nos casquettes rabattues et nos gros cabans, nous avons l'air de diables montés sur des bêtes aux yeux rouges. La lumière de la fournaise nous éclaire et nous chauffe le ventre; la bise nous coupe les joues; la pluie nous fouette la figure. Et la trépidation nous secoue les tripes à nous faire perdre haleine. Ainsi caparaçonnés, nous nous tirons les yeux dans l'obscurité à chercher les signaux rouges. Vous en trouverez bien de vieillis dans le métier que le Rouge a rendus fous. Encore maintenant, cette couleur me saisit et m'étreint d'une angoisse inexprimable. La nuit souvent je me réveille en sursaut, avec un éblouissement *rouge* dans les yeux : effrayé, je regarde dans le noir — il me semble que tout craque autour de moi, — et d'un jet le sang me monte à la tête; puis je pense que je suis dans mon lit, et je me renfonce entre mes draps.

Cette nuit-là, nous étions abattus par la chaleur humide. Il pleuvotait à gouttes tièdes; le copin Graslepoix enfournait son charbon par pelletées régulières; la locomotive ballait et tanguait dans les courbes fortes. Nous marchions 65 à l'heure, bonne vitesse. Il faisait noir comme dans un four. Passé la gare de Nuits, et roulant sur Dijon, il était une heure du matin. Je pensais à nos deux vieux qui devaient dormir tranquillement, quand tout à coup j'entends souffler une machine sur la double voie. Nous n'attendions entre Nuits et Dijon, à une heure, ni train montant, ni train descendant.

— Qu'est-ce que c'est que ça, Graslepoix? dis-je au chauffeur. Nous ne pouvons pas renverser la vapeur.

— Pas de pétard, dit Graslepoix : — c'est sur la double voie. On peut baisser la pression.

Si nous avions eu, comme aujourd'hui, un frein à air comprimé... lorsque soudain, avec un élan subit, le train de la double voie rattrapa le nôtre et roula de front avec lui. Les cheveux m'en dressent quand j'y pense.

Il était tout enveloppé d'un brouillard rougeâtre. Les cuivres de la machine brillaient. La vapeur fusait sans bruit sur le timbre. Deux hommes noirs dans la brume s'agitaient sur la plate-forme. Ils nous faisaient face et répondaient à nos gestes. Nous avions sur une ardoise le numéro du train, marqué à la craie : 180. — Vis-à-vis de nous, à la même place, un grand tableau blanc s'étalait, avec ces chiffres en noir : 081. La file des wagons se perdait dans la nuit, et toutes les vitres des quatre portières étaient sombres.

— En voilà, d'une histoire ! dit Graslepoix. Si jamais j'aurais cru... Attends, tu vas voir.

Il se baissa, prit une pelletée de charbon, et le jeta au feu. — En face, un des hommes noirs se baissa de même et enfonça sa pelle dans la fournaise. Sur la brume rouge, je vis ainsi se détacher l'ombre de Graslepoix.

Alors une lumière étrange se fit dans ma tête, et mes idées disparurent pour faire place à une imagination extraordinaire. J'élevai le bras droit, — et l'autre homme noir éleva le sien ; je lui fis un signe de tête, — et il me répondit. Puis aussitôt je le vis se glisser jusqu'au marchepied, et je *sus* que j'en faisais autant. Nous longeâmes le train en marche, et devant nous la portière du wagon A. A. F. 2551 s'ouvrit d'elle-même. Le spectacle d'en face frappa seul mes yeux, — et pourtant je *sentais* que la même scène se produisait dans *mon* train. Dans ce wagon, un homme était couché, la figure recouverte d'un tissu de poil blanc ; une femme et une petite fille, enveloppées de soieries brodées de fleurs jaunes et rouges, gisaient inanimées sur les coussins. Je *me vis* aller à cet homme et le découvrir. Il avait la poitrine nue. Des plaques bleuâtres tachaient sa peau; ses doigts, crispés, étaient ridés et ses ongles livides; ses yeux étaient entourés de cercles bleus. Tout cela, je l'aperçus d'un coup d'œil, et je reconnus aussi que j'avais devant moi *mon frère et qu'il était mort du choléra.*

Quand je repris connaissance, j'étais en gare de Dijon. Graslepoix me tamponnait le front, — et il m'a souvent soutenu que je n'avais pas quitté la machine — mais je sais le contraire. Je criai aussitôt : « Courez au A. A. F. 2551 ! » — Et je me traînai jusqu'au wagon, — et je vis mon frère mort comme je l'avais vu avant. Les employés fuirent épouvantés. Dans la gare on n'entendait que ces mots : « Le choléra bleu ! »

Alors Graslepoix emporta la femme et la petite, qui n'étaient évanouies que de peur, — et, comme personne ne voulait les prendre, il les coucha sur la machine, dans le poussier doux du charbon, avec leurs pièces de soie brodée.

Le lendemain, 23 septembre, le choléra s'est abattu sur Paris, après l'arrivée du rapide de Marseille.

. . . .

La femme de mon frère est Chinoise; elle a les yeux fendus en amande et la peau jaune. J'ai eu du mal à l'aimer : cela paraît drôle, une personne d'une autre race. Mais la petite ressemblait tant à mon frère ! Maintenant que je suis vieux et que les trépidations des machines m'ont rendu infirme, elles vivent avec moi, — et nous vivons tranquilles, sauf que nous nous souvenons de cette terrible nuit du 22 septembre 1865, où le choléra bleu est venu de Marseille à Paris par le train 081.

LE FORT

―――

L'ennui et la terreur étaient devenus extrêmes. Partout on entendait l'éternel rebondissement métallique des éclats d'obus; et le chant plaintif des ogives rompues dans l'air, comme un son incertain de harpes éoliennes, glaçait les os. Tout était dans la nuit : une profonde obscurité coupée seulement par le noir plus opaque des couloirs, des voussures et des entrées de caponnières. On était averti qu'il y avait au-dessus de vous des prises d'air ou des trous en soupirail par le tintement des plaques blindées. Les hautes calottes des voûtes avaient une clef à quadruple chanfrein, — et le long des arêtes, de temps en temps, une ampoule faiblement lumineuse éclairait la commissure croisée de trois pierres — parce que les piles ne marchaient presque plus. Dans les conduits étroits qui circulaient, trouant le massif de béton, autour de la cour carrée, la clameur des grosses règles de fer qui bouchaient les fenêtres en parallèles obliques, serrait les tempes et faisait hâter le pas. Et vers le centre, dans l'escalier sombre, jonché de vitres brisées, on entendait gémir le treuil avec le soupir étouffé de la pompe de manœuvre. Plus haut, par l'étroit escalier de tôle, montaient les ahans de l'équipe, tandis que la tourelle, soulevée sur son pivot, glissait tout autour de la circulaire avec un grincement de chaîne. Par les fentes de l'énorme cylindre, on voyait se profiler côte-à-côte, éclairées par une lanterne graisseuse, les pièces jumelles sur leurs affûts blancs; tout à coup le commandement FEU retentissait dans la gaine; et, collées au cylindre, contre leurs abris, des taches humaines tournaient avec lui; le silence régnait, interrompu par des heurts de ferraille sur la coupole; puis l'avertissement APPUYEZ sortait de l'ombre, — et la tourelle sonnait sous une double explosion.

On éprouvait le passage des hommes par un souffle et un frôlement; parfois un peloton descendait d'un pas rhythmé le long des corridors, vers les puits à projectiles; d'autres enlevaient les madriers, les lambourdes et les demi-gîtes de rechange, pour les porter aux plates-formes, équipaient les cabestans de carrier, cherchaient les armements des chèvres, détachaient les prélarts goudronnés étendus sur les carcasses des pièces de 155 long qui dormaient dans le couloir. Et les hommes, tant ils avaient marché courbés par l'obscurité, les mains usées sur les pierres des murs, les doigts meurtris aux manœuvres de force, semblaient de vieux chevaux fourbus qui s'avancent pesamment avec un regard résigné dans leurs yeux éteints.

La vie n'était que dans les galeries, à la tourelle, et aux batteries détachées : elle ne refluait pas au centre, ouvert sous le ciel bleu ; et depuis longtemps les abords du logement du gouverneur étaient déserts. Chacun, depuis l'investissement, avait eu sa besogne fixée comme dans un cuirassé : les officiers d'approvisionnement, siégeant dans les magasins, ouvraient continuellement et examinaient les barriques de porc, les caisses de fer-blanc pleines de farine, crevaient les boîtes de conserves, dédoublaient l'alcool, débondaient les tonneaux et goûtaient au tire-vin. Mais les casemates aux vivres étaient vides maintenant, avec les subsistances de charbon ; le poussier était noyé dans les dernières flaques d'eau rougie, et des morceaux de biscuit moisi pourrissaient près des gonds disloqués.

Le commandant haussa les épaules, quand deux soldats, frappant à la porte, vinrent lui annoncer que les fils du télégraphe étaient rompus, que les récepteurs du téléphone ne fonctionnaient plus, que l'appareil de télégraphie optique avait volé en morceaux. L'espoir était loin, sans doute : mais il n'y paraissait pas sous ses lunettes bleu-pâle, et ses courtes moustaches blanches n'avaient pas un tremblement. Le fort était isolé; la division qui opérait dans la campagne, déjà menacée; un appel désespéré seul eût pu être écouté, — voici que tous les moyens lui manquaient. Les peintures de sa cellule, œuvre artistique d'un sapeur protégé en temps de paix, s'effritaient sous l'humidité; il songeait, en regardant les écailles du plâtre, aux derniers jours, et il les voulait fermes.

Quand il releva la tête, les deux soldats tournaient leurs képis dans leurs mains. Deux Bretons, de Rosporden tous deux, Gaonac'h et Palaric. L'un, Gaonac'h, la face en lame de couteau, anguleuse et plissée, les os trop longs et les articulations noueuses; l'autre, une figure imberbe, les cils presque blancs, des yeux clairs, un sourire de petite fille, et ce fut lui qui dit, en hésitant : « Mon commandant, Gaonac'h et moi nous venons vous demander si vous avez une dépêche peut-être, nous irons bien la porter — nous connaissons la route : n'est-ce pas Gaonac'h? »

Le commandant du génie réfléchit un instant. C'était irrégulier, à coup sûr; il manquait d'hommes, évidemment. Mais peut-être que le salut était là : on pouvait sacrifier deux hommes pour en sauver cent cinquante. Alors, assis devant sa table, il écrivit en plissant le front. Lorsqu'il eut fini, il cacheta, mit son timbre et parapha, fit venir les cuisiniers, ordonna deux rations entières, un quart d'eau-de-vie, se leva et vint serrer la main aux deux soldats. « Allez, dit-il, — vos camarades vous remercient. »

Gaonac'h et Palaric passèrent à travers les couloirs obscurs, près des affûts de rechange, entre les tas de bombes vides parce qu'on n'avait plus ni poudre libre ni fusées de bois — trébuchant sur des gabions défoncés, renversés aux épaulements. La nuit était tombée, ce qu'on savait uniquement par le silence de l'ennemi; et les hommes relevés de leurs postes, entrant un par un dans les casemates, autour d'un seul vieux bout de chandelle, grelottaient de froid, malgré les couvertes. L'ombre fantastique jetée sur les murs blancs par les lits de guerre, auxquels pendaient les râteliers d'armes, semblait la grille d'un four gigantesque.

Les deux hommes sortirent de la chambre, armés d'un revolver; descendant par l'artère centrale, ils firent pousser la porte de fer, et, le pont-levis lentement baissé, avec de l'huile sur les chaînes, ils sortirent dans le froid de la nuit, sous les étoiles glacées. A cinq cents mètres de hauteur, le vent ululait dans les fils brisés du télégraphe : un mélancolique son qui semblait planer sur le plateau désert. Les brousses frémissaient sur les pentes; plus loin les carrières abandonnées bordaient la route de mamelons noirs. Gaonac'h et Palaric s'y jetèrent et résolument gagnèrent l'extrémité ouest pour passer dans le bois. Il devait y avoir un corps d'occupation français au pont jeté dans la vallée qui coupait le plateau des derniers contre-forts de la montagne; point stratégique tout indiqué, qu'on n'avait pu négliger.

Par les taillis de noisetiers et de coudriers, on entendait murmurer la rivière dans le creux; le bas chemin, avec ses deux ornières profondes, était tapissé de brume. Et les deux Bretons, marchant sur un lit de feuilles mortes, se hâtaient, parce qu'ils sentaient venir la fin de la nuit.

Palaric dit à Gaonac'h à mi-voix :

— Tu connais ma mère, Gaonac'h, qu'elle est meunière en Rosporden? Je ne l'ai pas revue depuis que je suis parti au service, ni les deux petits. Tu es grand, toi, tu es fort...

Et Gaonac'h répondit en lui posant la main sur l'épaule :

— On est bientôt arrivé. Quand tu ne pourras plus marcher, si on nous court après, je te porterai bien un peu de chemin.

— Non, mais, reprit Palaric, ce n'est pas de mourir que j'ai peur; seulement la cahute, en Rosporden, elle serait seule; et puis, le vent, il est triste, tu sais, sur la lande : pour la mère, comment qu'elle ferait? Et c'est loin, ici donc; mais on n'y peut rien. Je voudrais seulement que tu restes avec moi, parce que, toi aussi, tu es de Rosporden. Deux pays, ça va loin, et puis nous nous aimons bien.

— Halte — dit Gaonac'h — nous voilà sur la pointe.

Quelques pas de plus, et la lisière du bois se crevait

sur la gorge profonde. Les deux hommes avancèrent la tête : sur la route vaguement éclairée, au bord de la rivière, on voyait confusément défiler des masses, se dirigeant vers les pentes du plateau, — et, tout près, on entendait souffler des chevaux qui gravissaient la côte.

— Retournons, à la course, dit Gaonac'h : c'est l'assaut. Toi, à la batterie Est, — moi, à la batterie Ouest — un de nous arrivera.

Alors Palaric reprit le sentier creux, courant malgré la fatigue. Il allait si vite que ses pensées semblaient lui sauter dans la tête. Le dessus du bois commençait à devenir livide ; les cîmes des arbres, à droite, avaient des aigrettes roses, et un vent plus froid balançait les feuilles. Le haut du ciel était de nuance pâle ; une belle journée se préparait.

Au moment d'entrer dans les carrières, Palaric saisit, le long du taillis, un cliquetis faible et des piétinements étouffés. Il se jeta dans la broussaille. Étendu sur le côté, il écarquillait les yeux — sans mouvement, malgré les toiles d'araignée humides qui lui claquaient sur la figure. Des hommes passaient, encore obscurs dans la brume du matin, enveloppés de manteaux, montant en ligne déployée, comme un zigzag mouvant sur l'herbe. Le gros attaquait de l'autre côté, sans doute : ceux-là devaient être de la réserve. Ils restèrent sur la lisière ; un pli de terrain les dissimulait, et, appuyés sur leurs fusils, ils haletaient, débandés. Palaric ne pouvait fuir devant eux, pour gagner le fort : s'ils avançaient, pensait-il, tournant les pentes, il arriverait plus vite; pourvu que Gaonac'h prévienne à temps.

Brusquement, sur un ordre invisible, les soldats se formèrent par le flanc et descendirent le long de la côte. Palaric se retourna pour s'élancer, quand une douleur aiguë lui traversa le ventre et il s'abattit sur le dos, les poings crispés, les bras demi-tendus. Un mercanti qui suivait, voyant luire le bouchon d'un bidon, avait piqué une bayonnette abandonnée dans le taillis. Il vida les poches de Palaric et repartit en trottinant. Le sang bouffait avec de grosses bulles, — et la face du petit Breton, terreuse, avait les yeux retournés. Le soleil, dépassant les pentes, montra des pelotons isolés qui marchaient en avant.

Mais des coups sourds retentirent, venant du fort, et des obus crevèrent sur le plateau. On entendit ronfler les grosses pièces de bronze. Les Hotchkiss et les Nordenfelt battirent les fossés d'un roulement ininterrompu. Les yeux mourants du petit soldat voyaient encore les lignes géométriques du fort, noires sur le ciel, avec la coupole cuirassée tournante d'où jaillissaient deux jets de fumée. Alors une douceur s'étendit en lui, tandis qu'il pensait à Gaonac'h, et son cœur se réjouit pour Rosporden.

LES SANS-GUEULE

On les ramassa tous deux, l'un à côté de l'autre, sur l'herbe brûlée. Leurs vêtements avaient volé en lambeaux. La conflagration de la poudre avait éteint la couleur des numéros; les plaques de maillechort étaient émiettées. On aurait dit de deux morceaux de pâte humaine. Car le même fragment tranchant de tôle d'acier, sifflant en oblique, leur avait emporté la figure, en sorte qu'ils gisaient sur les touffes de gazon, comme un double tronçon à tête rouge. L'aide-major qui les empila dans la voiture les prit par curiosité surtout : le coup, en effet, était singulier. Il ne leur restait ni nez, ni pommettes, ni lèvres; les yeux avaient jailli hors des orbites fracassés; la bouche s'ouvrait en entonnoir, trou sanglant avec la langue coupée qui vibrait en frissonnant. On ne pouvait s'imaginer une vue si étrange : deux êtres de même taille, et *sans figure*. Les crânes, couverts de cheveux ras, portaient deux plaques rouges, simultanément et semblablement taillées, avec des creux aux orbites et trois trous pour la bouche et le nez.

Ils reçurent à l'ambulance les noms de Sans-Gueule n° 1 et Sans-Gueule n° 2. Un chirurgien anglais, qui faisait le service de bonne volonté, fut surpris du cas, et y prit intérêt. Il oignit les plaies et les pansa, fit des points de suture, opéra l'extraction des esquilles, pétrit cette bouillie de viande, et construisit ainsi deux calottes de chair, concaves et rouges, identiquement perforées au fond, comme les fourneaux des pipes exotiques. Placés dans deux lits côte à côte, les deux Sans-Gueule tachaient les draps d'une double cicatrice arrondie, gigantesque et sans signification. L'éternelle immobilité de cette plaie avait une douleur muette : les muscles tranchés ne réagissaient même pas sur les coutures ; le choc terrible avait anéanti le sens de l'ouïe, si bien que la vie ne se manifestait en eux que par les mouvements de leurs membres, et par un double cri rauque qui giclait par intervalles entre leurs palais béants et leurs tremblants moignons de langue.

Cependant ils guérirent tous deux. Lentement, sûrement, ils apprirent à conduire leurs gestes, à développer les bras, à replier les jambes pour s'asseoir, à mouvoir les gencives durcies qui revêtissaient encore leurs mâchoires cimentées; ils eurent un plaisir, qu'on reconnut à des sons aigus et modulés, mais sans puissance syllabique : ce fut de fumer des pipes dont les tuyaux étaient tamponnés de pièces de caoutchouc ovales, pour rejoindre les bords de la plaie de leur bouche. Accroupis dans les couvertures, ils respiraient le tabac; et des jets de fumée fusaient par les orifices de leur tête : par le double trou du nez, par les puits jumeaux de leurs orbites, par les commissures des mâchoires, entre les squelettes de leurs dents. Et chaque échappement du brouillard gris qui jaillissait entre les craquelures de ces masses rouges était salué d'un rire extra-humain, gloussement de la luette qui tressaillait, tandis que leur reste de langue clapotait faiblement.

Il y eut une émotion dans l'hôpital, quand une petite femme en cheveux fut amenée par l'interne de service au chevet des Sans-Gueule et les considéra l'un après l'autre d'une mine terrifiée, puis fondit en larmes. Dans le cabinet du médecin en chef elle expliqua, entre des sanglots, qu'un de ces deux-là devait être son mari. On l'avait noté parmi les disparus; mais ces deux blessés, n'ayant aucune marque d'identité, étaient dans une catégorie particulière. Et la taille ainsi que la largeur d'épaules et la forme des mains lui rappelaient invinciblement l'homme perdu. Mais elle était dans une affreuse perplexité : des deux Sans-Gueule, quel était son mari ?

Cette petite femme était vraiment gentille : son peignoir bon marché lui moulait le sein ; elle avait, à cause de ses cheveux relevés à la chinoise, une douce figure d'enfant. La douleur naïve et l'incertitude presque risible se mélangeaient dans son expression et contractaient ses traits comme ceux d'une petite fille qui vient de casser un joujou. De sorte que le médecin en chef ne se tint pas de sourire ; et, comme il parlait gras, il dit à la petite femme qui le regardait en dessous : « Eh ben ! — quoi ! — emporte-les, tes Sans-Gueule, tu les reconnaîtras à l'essai ! »

Elle fut d'abord scandalisée, et détourna la tête, avec une rougeur d'enfant honteuse ; puis elle baissa les yeux, et regarda de l'un à l'autre lit. Les deux coupes rouges couturées reposaient toujours sur les oreillers, avec cette même absence de signification qui en faisait une double énigme. Elle se pencha vers eux ; elle parla à l'oreille de l'un, puis de l'autre. Les têtes n'eurent aucune réaction, — mais les quatre mains éprouvèrent une sorte de vibration, — sans doute parce que ces deux pauvres corps sans âme sentaient vaguement qu'il y avait près d'eux une petite femme très gentille, avec une odeur très douce et d'absurdes manières exquises de bébé.

Elle hésita encore pendant quelque temps, et finit par demander qu'on voulût bien lui confier les deux Sans-Gueule pendant un mois. On les porta dans une grande voiture rembourrée, toujours l'un à côté de l'autre; la petite femme, assise en face, pleurait sans cesse à chaudes larmes.

Et quand ils arrivèrent dans la maison, une vie étrange commença pour eux trois. Elle allait éternellement de l'un à l'autre, épiant une indication, attendant un signe. Elle guettait ces surfaces rouges qui ne bougeraient jamais plus. Elle regardait avec anxiété ces énormes cicatrices dont elle distinguait graduellement les coutures comme on connaît les traits des visages aimés. Elle les examinait tour à tour, ainsi que l'on considère les épreuves d'une photographie, sans se décider à choisir.

Et peu à peu la forte peine qui lui serrait le cœur, au commencement, quand elle pensait à son mari perdu, finit par se fondre dans un calme irrésolu. Elle vécut à la façon d'une personne qui a renoncé à tout, mais qui vit par habitude. Les deux moitiés brisées qui représentaient l'être chéri, ne se réunirent jamais dans son affection; mais ses pensées allaient régulièrement de l'un à l'autre, comme si son âme eût oscillé en manière de balancier. Elle les regardait tous deux comme ses « mannequins rouges », et ce furent les poupées falotes qui peuplèrent son existence. Fumant leur pipe, assis sur leur lit, dans la même attitude, exhalant les mêmes tourbillons de vapeur, et poussant simultanément les mêmes cris inarticulés, ils ressemblaient plutôt à des pantins gigantesques apportés d'Orient, à des masques sanglants venus d'outre-mer, qu'à des êtres animés d'une vie consciente et qui avaient été des hommes.

Ils étaient « ses deux singes, ses bonshommes rouges, ses deux petits maris, ses hommes brûlés, ses corps sans âme, ses polichinelles de viande, ses têtes trouées, ses caboches sans cervelle, ses figures de sang » ; elle les bichonnait à tour de rôle, faisait leur couverture, bordait leurs draps, mêlait leur vin, cassait leur pain ; elle les menait marcher par le milieu de la chambre, un à chaque côté, et les faisait sauter sur le parquet ; elle jouait avec eux, et, s'ils se fâchaient, les renvoyait du plat de la main. D'une caresse ils étaient auprès d'elle, comme deux chiens folâtres ; d'un geste dur, ils demeuraient pliés en deux, semblables à des animaux repentants. Ils se frôlaient contre elle et quêtaient les friandises : tous deux possesseurs d'écuelles en bois où ils plongeaient périodiquement, avec des hurlements joyeux, leurs masques rouges.

Ces deux têtes n'irritaient plus la petite femme comme autrefois, ne l'intriguaient plus à la façon de deux loups vermeils posés sur des figures connues. Elle les aimait également, avec des moues enfantines. Elle disait d'eux : « Mes pantins sont couchés ; mes hommes se promènent ». Elle ne comprit pas qu'on vînt de l'hôpital demander lequel elle gardait. Ce lui fut une question absurde : c'était comme si on avait exigé qu'elle coupât son mari en deux. Elle les punissait souvent à la manière des enfants avec leurs poupées méchantes. Elle disait à l'un : « Tu vois, mon petit loup — ton frère est vilain — il est mauvais comme un singe — je lui ai tourné sa figure contre le mur; je ne le retournerai que s'il me demande pardon ». Après, avec un petit rire, elle retournait le pauvre corps, doucement soumis à la pénitence, et lui embrassait les mains. Elle leur baisait aussi parfois leurs affreuses coutures, et s'essuyait la bouche tout de suite après, en fronçant les lèvres, en cachette. Et elle riait aussitôt, à perte de vue.

Mais insensiblement elle s'accoutuma plus à l'un d'eux, parce qu'il était plus doux. Ce fut inconscient, certes, car elle avait perdu tout espoir de reconnaissance. Elle le préféra comme une bête favorite, qu'on a plus de plaisir à caresser. Elle le dorlota davantage et le baisa plus tendrement. Et l'autre Sans-Gueule devint triste, aussi, par degrés, sentant autour de lui moins de présence féminine. Il resta plié sur lui-même, souvent accroupi sur son lit, la tête nichée dans le bras, pareil à un oiseau malade. Il refusa de fumer; tandis que l'autre, ignorant de sa douleur, respirait toujours du brouillard gris qu'il exhalait avec des cris aigus par toutes les fentes de son masque pourpre.

Alors la petite femme soigna son mari triste, mais sans trop comprendre. Il hochait la tête dans son sein en sanglotant de poitrine; une sorte de grognement rauque lui parcourait le torse. Ce fut une lutte de jalousie dans un cœur obscurci d'ombre; une jalousie animale, née de sensations avec des souvenirs confus peut-être d'une vie d'autrefois. Elle lui chanta des berceuses comme à un enfant, et le calma de ses mains fraîches posées sur sa tête brûlante. Quand elle le vit très malade, de grosses larmes tombèrent de ses yeux rieurs sur le pauvre visage muet.

Mais bientôt elle fut dans une angoisse poignante; car elle eut la sensation vague de gestes déjà vus dans une ancienne maladie. Elle crut reconnaître des mouvements autrefois familiers; et les positions des mains émaciées lui rappelaient confusément des mains semblables, autrefois chéries, et qui avaient frôlé ses draps avant le grand abîme creusé dans sa vie.

Et les plaintes du pauvre abandonné lui lancinèrent le cœur; alors, dans une incertitude haletante, elle dévisagea de nouveau ces deux têtes sans visages. Ce ne furent plus deux poupées pourpres — mais l'un fut étranger — l'autre peut-être la moitié d'elle-même. Lorsque le malade fut mort, toute sa peine se réveilla. Elle crut véritablement qu'elle avait perdu son mari; elle courut, haineuse, vers l'autre Sans-Gueule, et s'arrêta, prise de sa pitié enfantine, devant le misérable mannequin rouge qui fumait joyeusement, en modulant ses cris.

ARACHNÉ

> Her waggon-spokes made of long spinners' legs;
> The cover, of the wings of grasshoppers;
> Her traces of the smallest spider's web;
> Her collars of the moonshine's watery beams...
> (SHAKSPERE. *Romeo and Juliet*.)

Vous dites que je suis fou et vous m'avez enfermé; mais je me ris de vos précautions et de vos terreurs. Car je serai libre le jour où je voudrai; le long d'un fil de soie que m'a lancé Arachné, je fuirai loin de vos gardiens et de vos grilles. Mais l'heure n'est pas encore venue — elle est proche cependant : de plus en plus mon cœur défaille et mon sang pâlit. Vous qui me croyez fou maintenant, vous me croirez mort : tandis que je me balancerai au fil d'Arachné par delà les étoiles.

Si j'étais fou, je ne saurais pas si nettement ce qui est arrivé, je ne me rappelerais pas avec autant de précision ce que vous avez appelé mon crime, ni les plaidoiries de vos avocats, ni la sentence de votre juge rouge. Je ne rirais pas des rapports de vos médecins, et je ne verrais pas sur le plafond de ma cellule la figure glabre, la redingote noire et la cravate blanche de l'idiot qui m'a déclaré irresponsable. Non, je ne le verrais pas — car les fous n'ont pas d'idée précise; au lieu que je suis mes raisonnements avec une logique lucide et une clarté extraordinaire qui m'étonnent moi-même. Et les fous souffrent au sommet du crâne; ils croient, les malheureux! que des colonnes de fumée fusent, en tourbillonnant, de leur occiput. Tandis que mon cerveau, à moi, est d'une telle légèreté qu'il me semble souvent avoir la tête vide. Les romans que j'ai lus, auxquels je prenais plaisir jadis, je les embrasse maintenant d'un coup d'œil et je les juge à leur valeur; je vois chaque défaut de composition — au lieu que la symétrie de mes propres inventions est tellement parfaite que vous seriez éblouis si je vous les exposais.

Mais je vous méprise infiniment; vous ne sauriez les comprendre. Je vous laisse ces lignes comme dernier témoignage de ma raillerie et pour vous faire apprécier votre propre insanité quand vous trouverez ma cellule déserte.

Ariane, la pâle Ariane auprès de laquelle vous m'avez saisi, était brodeuse. Voilà ce qui a fait sa mort. Voilà ce qui fera mon salut. Je l'aimais d'une passion intense; elle était petite, brune de peau et vive des doigts; ses baisers étaient des coups d'aiguille, ses caresses, des broderies palpitantes. Et les brodeuses ont une vie si légère et des caprices si mobiles que je voulus bientôt lui faire quitter son métier. Mais elle me résista; et je m'exaspérais en voyant les jeunes gens cravatés et pommadés qui guignaient sa sortie de l'atelier. Mon énervement était si grand que j'essayai de me replonger de force dans les études qui avaient fait ma joie.

J'allai prendre avec contrainte le vol. XIII des *Asiatic Researches*, publié à Calcutta en 1820. Et machinalement je me mis à lire un article sur les Phânsigâr. Ceci m'amena aux Thugs.

Le capitaine Sleeman en a longuement parlé. Le colonel Meadows Taylor a surpris le secret de leur association. Ils étaient unis entre eux par des liens mystérieux et servaient comme domestiques dans les habitations de campagne. Le soir, à souper, ils stupéfiaient leurs maîtres avec une décoction de chanvre. La nuit, grimpant le long des murs, ils se glissaient par les fenêtres ouvertes à la lune et venaient silencieusement étrangler les gens de la maison. Leurs cordelettes étaient aussi de chanvre, avec un gros nœud sur la nuque pour tuer plus vite.

Ainsi, par le Chanvre, les Thugs attachaient le sommeil à la mort. La plante qui donnait le haschich au moyen duquel les riches les abrutissaient comme avec de l'alcool ou de l'opium servait aussi à les venger. L'idée me vint qu'en châtiant ma brodeuse Ariane avec la Soie, je me l'attacherais tout entière dans la mort. Et cette idée, logique assurément, devint le point lumineux de ma pensée. Je n'y résistai pas longtemps. Quand elle posa sa tête penchée sur mon cou pour s'endormir, je lui passai autour de la gorge avec précaution la cordelette de soie que j'avais prise dans sa corbeille; et, la serrant lentement, je bus son dernier souffle dans son dernier baiser.

Vous nous avez pris ainsi, bouche contre bouche. Vous avez cru que j'étais fou et qu'elle était morte. Car vous ignorez qu'elle est toujours avec moi, éternellement fidèle, parce qu'elle est la nymphe Arachné. Jour après jour, ici, dans ma cellule blanche, elle s'est révélée à moi, depuis l'heure où j'ai aperçu une araignée qui tissait sa toile au-dessus de mon lit : elle était petite, brune et vive des pattes.

La première nuit, elle est descendue jusqu'à moi, le long d'un fil; suspendue au-dessus de mes yeux, elle a brodé sur mes prunelles une toile soyeuse et sombre avec des reflets moirés et des fleurs pourpres lumineuses. Puis j'ai senti près de moi le corps nerveux et ramassé d'Ariane. Elle m'a baisé le sein, à l'endroit où il couvre le cœur, — et j'ai crié sous la brûlure. Et nous nous sommes longuement embrassés sans rien dire.

La seconde nuit, elle a étendu sur moi un voile phosphorescent piqué d'étoiles vertes et de cercles jaunes, parcouru de points brillants qui fuient et se jouent entre eux, qui grandissent et qui diminuent et qui tremblotent dans le lointain. Et agenouillée sur ma poitrine, elle m'a fermé la bouche de la main; dans un long baiser au cœur elle m'a mordu la chair et sucé le sang jusqu'à me tirer vers le néant de l'évanouissement.

La troisième nuit elle m'a bandé les paupières d'un crêpe de soie mahratte où dansaient des araignées multicolores dont les yeux étaient étincelants. Et elle m'a serré la gorge d'un fil sans fin; et elle a violemment attiré mon cœur vers ses lèvres par la plaie de sa morsure. Alors elle s'est glissée dans mes bras jusqu'à mon oreille, pour me murmurer : « Je suis la nymphe Arachné! »

Certes, je ne suis pas fou; car j'ai compris aussitôt que ma brodeuse Ariane était une déesse mortelle, et que de toute éternité j'avais été désigné pour la mener avec son fil de soie hors du labyrinthe de l'humanité. Et la nymphe Arachné m'est reconnaissante de l'avoir délivrée de sa chrysalide humaine. Avec des précautions infinies, elle a emmailloté mon cœur, mon pauvre cœur, de son fil gluant : elle l'a enlacé de mille tours. Toutes les nuits elle serre les mailles entre lesquelles ce cœur humain se racornit comme un cadavre de mouche. Je m'étais éternellement attaché Ariane en lui étreignant la gorge de sa soie. Maintenant Arachné m'a lié éternellement à elle de son fil en m'étranglant le cœur.

Par ce pont mystérieux je visite à minuit le

Royaume des Araignées, dont elle est reine. Il faut traverser cet enfer pour me balancer plus tard sous la lueur des étoiles.

Les Araignées des Bois y courent avec des ampoules lumineuses aux pattes. Les Mygales ont huit terribles yeux scintillants ; hérissées de poils, elles fondent sur moi au détour des chemins. Le long des mares où tremblent les Araignées d'Eau, montées sur de grandes jambes de faucheux, je suis entraîné dans les rondes vertigineuses que dansent les Tarentules. Les Épeires me guettent du centre de leurs cercles gris parcourus de rayons. Elles fixent sur moi les innombrables facettes de leurs yeux, comme un jeu de miroirs pour prendre les alouettes, et elles me fascinent. En passant sous les taillis, des toiles visqueuses me chatouillent la figure. Des monstres velus, aux pattes rapides, m'attendent, tapis dans les fourrés.

Or la reine Mab est moins puissante que ma reine Arachné. Car celle-ci a le pouvoir de me faire rouler dans son char merveilleux qui court le long d'un fil. Sa cage est faite de la dure coque d'une gigantesque Mygale, gemmée de cabochons à facettes, taillés dans ses yeux de diamant noir. Les essieux sont les pattes articulées d'un Faucheux géant. Des ailes transparentes, avec des rosaces de nervures, la soulèvent en frappant l'air de battements rhythmiques. Nous nous y balançons pendant des heures ; puis tout-à-coup je défaille, épuisé par la blessure de ma poitrine où

Arachné fouille sans cesse de ses lèvres pointues. Dans mon cauchemar je vois penchés vers moi des ventres constellés d'yeux et je fuis devant des pattes rugueuses chargées de filets.

Maintenant je sens distinctement les deux genoux d'Arachné qui glissent sur mes côtes, et le glou-glou de mon sang qui monte vers sa bouche. Mon cœur va bientôt être desséché ; alors il restera emmailloté dans sa prison de fils blancs, — et moi je fuirai à travers le Royaume des Araignées vers le treillis éblouissant des étoiles. Par la corde de soie que m'a lancée Arachné, je m'échapperai ainsi avec elle, — et je vous laisserai — pauvres fous — un cadavre blême avec une touffe de cheveux blonds que le vent du matin fera frissonner.

L'HOMME DOUBLE

Le couloir dallé sonna sous des pas, et le juge d'instruction vit entrer un monsieur blême, cheveux lisses, avec des favoris collés aux joues et des yeux perpétuellement inquiets ou scrutateurs. Il avait l'air abattu d'un homme qui ne comprend rien à ce qu'on lui fait faire; les gardes municipaux le quittèrent à la porte avec un regard de commisération. Seules les prunelles, luisantes et mobiles, paraissaient vivre dans sa face terreuse : elles avaient l'éclat et l'impénétrabilité de la faïence noire polie. Les vêtements, redingote et pantalon en sac, pendaient à son corps comme des habits accrochés; le chapeau, haut de forme, avait été écrasé par des plafonds bas; le tout, avec l'indication des favoris, donnant assez bien l'idée d'un homme de loi misérable poursuivi par ses confrères.

Le juge, assis sous la lumière qui frappait l'inculpé en face, considérait les méplats gris-clair de ce visage terne, dont les creux étaient marqués par des coupelles d'ombre indécise. Et, tandis qu'il faisait glisser machinalement du pouce les pièces éparses des dossiers qui gisaient sur sa table, l'apparence de respectabilité répandue sur cet homme lui donna, comme dans une de ces explosions de lumière, sitôt évanouies, qui illuminent le cerveau, l'étrange impression qu'il avait devant lui un autre juge d'instruction, avec une redingote et des favoris courts, avec des yeux impénétrables et perçants, sorte de malheureuse caricature falote et mal dessinée, s'estompant dans la grisaille du jour.

Cette respectabilité indescriptible, qui venait certainement de la coupe de la barbe et des vêtements, confondait néanmoins le juge dans l'affaire présente, et le faisait hésiter. Le crime avait paru banal, d'abord : un de ces assassinats fréquents dans les dernières années. On avait trouvé dans son lit, la gorge coupée, une femme galante qui habitait un petit appartement de la rue de Maubeuge. Le coup avait été porté par une main semblant accoutumée à trancher, juste au-dessous du thyroïde; la section de l'artère carotide était nette, le cou ayant été à moitié ouvert — la mort presque instantanée, puisque le sang s'était échappé par larges jets successifs, en trois ou quatre battements. Les draps, peu tordus, portaient de grandes taches de sang, disposées en flaques opaques, épaisses au centre et se fondant graduellement sur les bords par un rose clair semé de traces brunes. L'armoire à glace avait été défoncée ; des boîtes de carton, renversées, jonchaient le parquet ; même les matelas avaient été éventrés à la couture.

La femme assassinée, déjà d'un certain âge, n'était pas inconnue dans le monde galant. On la rencontrait, le soir, au Cercle, aux Princes, de l'Américain aux restaurants où on soupe. Ses bijoux disparus étaient cotés. Et quand les marchands d'or et d'argent virent apparaître des bagues signalées et des colliers désignés, leur indication suffit au chef de la Sûreté pour arriver au vrai coupable. On avait unanimement nommé l'individu qui était sous les yeux du juge. Il ne s'était pas caché : les brocanteurs du Marais, les petits boutiquiers du quartier Saint-Germain savaient son adresse. Il était venu vendre les bijoux avec l'air respectable qu'il avait maintenant, l'air d'un homme qui serait dans une position fâcheuse et qui voudrait faire argent de tout.

Quand le juge l'interrogea, il employa malgré lui des formules de politesse et des atténuations sympathiques. Les réponses de l'homme étaient manifestement empâtées, évasives ; mais elles étaient respectables, comme son extérieur. Il était, dit-il, clerc d'avoué. Il donna le nom et l'adresse de son patron.

Un mot du juge revint presque aussitôt avec la réponse : *Inconnu*. L'homme eut un geste d'étonnement et murmura : « Je ne sais plus ».

On avait retrouvé chez lui, dans une chambre d'hôtel, rue Saint-Jacques, des liasses d'actes et de copies. Lorsqu'elles lui furent présentées, il dit qu'il ne les connaissait pas. Le juge, pensant que ces liasses étaient une preuve intentionnelle, parut surpris. Poussant l'interrogatoire, il se heurta à d'inexplicables contradictions. L'homme avait l'extérieur juridique et ne connaissait rien de la langue de la loi. Il ne savait de l'avoué où il se disait employé que le nom et l'adresse. Mais il persistait dans ses affirmations.

Les bijoux venaient, disait-il, d'une succession, et lui avaient été confiés pour les vendre et réaliser une somme d'argent. Il répondit à la question traditionnelle de l'emploi de son temps, la nuit du crime : « J'ai dormi dans mon lit, monsieur ». Quand le logeur, appelé, affirma que l'homme n'était pas rentré cette nuit-là ; qu'il n'était arrivé que le matin, la face pâle, l'air harassé, l'accusé le regarda avec surprise, et dit : « Mais non, mais non, voyons — je le sais bien — j'étais dans mon lit ». Le juge, interloqué, fit venir trois brocanteurs, qui reconnurent l'homme. Il ne fit aucune difficulté pour admettre qu'il leur avait vendu des bijoux. « Voyons, puisque je vous dis, monsieur, expliqua-t-il au juge, que tout ça m'avait été confié par une personne, rapport que je suis chez un avoué, pour vendre et puis placer chez le patron. » — « Quelle personne? » demanda le juge. L'homme réfléchit et dit : « Ah bien — attendez — je ne me rappelle pas comme ça, moi — ça va me revenir ».

Alors le juge, prenant la parole, lui montra les inconséquences de son système. Il les lui montra, gardant une sorte de respect pour le personnage extérieur que l'homme représentait, comme une pitié pour son attitude affalée, ses raisonnements d'idiot. Il l'appela doucement « mon ami », en lui faisant toucher du doigt ses contradictions. Il lui expliqua son crime, parce qu'il ne semblait pas le comprendre. Il en fit ressortir la gravité, l'abomination; insista sur toutes les preuves qui l'accablaient, et termina par une péroraison éloquente où il était dit que souvent le Président préférait user du droit suprême à l'égard de ceux qui avouent.

L'homme parut apprécier l'indulgence du magistrat, et prit la parole à son tour après le juge. Sa voix jusqu'alors avait été terne, monotone, impersonnelle. Il était impossible de se rappeler un ton semblable. Les nuances n'y existaient pas; il était gris et uniforme comme la face terreuse du personnage. Mais, lorsque l'homme répondit à l'exhortation du juge, il fit à son tour une sorte d'exhortation. Les tons de voix s'accusèrent, et furent l'imitation pâle des tons de voix par lesquels le magistrat s'était adressé à lui. Les mots qui vinrent à ses lèvres furent des copies des mots qu'il avait entendus.

Son discours fut négatif : il se borna simplement à repousser les contradictions et à nier les preuves. Il ne pouvait compter sur la clémence du Président, puisqu'il ignorait le crime.

Quant il en vint là, le juge dut l'arrêter. Le greffier, malgré le sérieux de l'homme et l'horreur du crime, souriait en écrivant. Il y avait devant la table du juge d'instruction un être singulier qui mimait le magistrat avec un talent réel, qui colorait sa voix monotone avec les tons du juge, qui plissait un visage terne dans les rides expressives de la figure placée en face de lui, qui semblait gonfler ses vêtements flottants avec des gestes exactement empruntés. Si bien que de l'apparence vague qui avait frappé le juge d'instruction à l'entrée de son accusé il se dégageait maintenant l'image nette, précise, d'un homme de loi qui discute avec un confrère ; comme si on avait forcé les traits d'un dessin flou, gris et fondu, jusqu'à lui donner le tranchant d'une eau-forte où le blanc crie contre le noir.

Le juge entra au cœur de l'affaire, avec autorité. Il ne discuta plus les possibilités, mais les faits. La gorge de la victime avait été coupée par une main exercée — on savait au moyen de quel instrument. Le juge passa sous les yeux de l'homme un couteau, taché de sang, qu'on avait saisi derrière son lit — un fort couteau de boucher. Le dos de la lame était épais d'un demi-doigt. C'était le premier lien visible établi entre l'homme et le crime. L'effet fut prodigieux.

Une onde courut tout le long du personnage, et mit le visage entier en mouvement. Les yeux roulèrent et devinrent clairs. Les cheveux se hérissèrent, avec les favoris, qui semblèrent en être les prolongements. Des plis se creusèrent aux tempes et à la bouche. La figure de l'homme avait maintenant une fixité mauvaise ; et, avec un geste étrange, comme venant d'être réveillé, il se frotta deux ou trois fois sous le nez, de l'index. Puis il se mit à parler, avec un accent traînard, les mains non plus gourdes, mais suivant les paroles avec des gestes. C'étaient des paroles adressées à d'autres personnes, évidemment, qui n'étaient pas là. Le juge crut devoir lui demander où il se trouvait. L'homme tressaillit sous la question ; sa bouche s'ouvrit sans effort, — et ce flux déborda :

« Où que j'suis ? où que j'suis ? Eh ben — chez moi — donc ! Qu'est ce que ça peut t'foutre, où que j'suis ! » — Il prit une plume sur la table. « V'là une *trempe-tes-deux-bras-dans-la-vase-noire*, j'm'en suis jamais tant servi. C'est pour refaire les meu-à-bavette. Ils ont été bons. J'ai passé devant le Rouge ; j'étais bien fringué, là. Il a gobé que j'travaillais avec ec't instrument-là. Bonnes poires, va ! C'est comme mon boniment pour les bijoux. Oh ! i'sont pas coton — i'sont à la coule — c'est comme du velours. J'ai esgourdé l'autre tourte ; j'ai entravé, entravé ce qu'il jaquetait. Je l'ai gouré première marque avec un beau chiqué, quéqu'chose d'bat.

Ej'crains pas des mecs qui retournent leur veste, moi. J'ai fait mon travail seul. Ej'vas me r'poser dans mon *tend-moi-tes-bois*. »

L'homme se dirigea vers le fauteuil du juge, qui se leva, effaré, et lui céda la place. A peine assis, la réaction se produisit, le sang quitta les joues; la tête roula en arrière; les paupières retombèrent — et tout le corps s'affaissa inerte.

Et le juge, à son tour debout devant l'homme, se posait un terrible problème. Des deux personnages demi-simulés qu'il avait eus devant lui, l'un était coupable et l'autre ne l'était pas. Cet homme était double et avait deux consciences; mais des deux êtres réunis en un, quel était le véritable? Un d'eux avait agi, — mais était-ce l'être primordial? Dans l'homme double qui s'était révélé — où était l'homme ?

L'HOMME VOILÉ

Du concours de circonstances qui me perd, je ne puis rien dire; certains accidents de la vie humaine sont aussi artistement combinés par le hasard ou les lois de la nature que l'invention la plus démoniaque : on se récrierait, comme devant le tableau d'un impressionniste qui a saisi une vérité singulière et momentanée. Mais si ma tête tombe, je veux que ce récit me survive et qu'il soit dans l'histoire des existences une étrangeté vraie, comme une ouverture blafarde sur l'inconnu.

Quand j'entrai dans ce terrible wagon, il était occupé par deux personnes. L'une, tournée, enveloppée de couvertures, dormait profondément. La couverture supérieure était mouchetée de taches, à fond jaune, comme une peau de léopard. On en vend beaucoup de semblables aux rayons d'articles de voyage : mais je puis dire tout de suite qu'en la touchant plus tard je vis que c'était vraiment la peau d'un animal sauvage ; de même le bonnet de la personne endormie, lorsque je le détaillai avec la puissance de vision suraiguë que j'obtins, me parut être d'un feutre blanc infiniment délicat. L'autre voyageur, d'une figure sympathique, paraissait avoir juste franchi la trentaine ; il avait d'ailleurs la tournure insignifiante d'un homme qui passe confortablement ses nuits en chemin de fer.

Le dormeur ne montra pas son billet, ne tourna pas la tête, ne remua pas pendant que je m'installais en face de lui. Et lorsque je me fus assis sur la banquette, je cessai d'observer mes compagnons de voyage pour réfléchir à diverses affaires qui me préoccupaient.

Le mouvement du train n'interrompit pas mes pensées ; mais il dirigeait leur courant d'une curieuse façon. Le chant de l'essieu et des roues, la prise des rails, le passage sur les jonctions des rails, avec le soubresaut qui secoue périodiquement les voitures mal suspendues se traduisait par un refrain mental. C'était une sorte de pensée vague qui coupait à intervalles réguliers mes autres idées. Au bout d'un quart d'heure, la répétition touchait à l'obsession. Je m'en débarrassai par un violent effort de volonté ; mais le vague refrain mental prit la forme d'une notation musicale que je prévoyais. Chaque heurt n'était pas une note, mais l'écho à l'unisson d'une note conçue d'avance, à la fois crainte et désirée ; si bien que ces heurts éternellement semblables parcouraient l'échelle sonore la plus étendue, correspondant, en vérité, avec ses octaves superposées que le gosier d'aucun instrument n'eût pu atteindre, aux étages de suppositions qu'entasse souvent la pensée en travail.

Je finis par prendre un journal pour essayer de rompre le charme. Mais les lignes entières se détachaient des colonnes, lorsque je les avais lues, et venaient se replacer sous mon regard avec une sorte de son plaintif et uniforme, à des intervalles que je prévoyais et ne pouvais modifier. Je m'adossai alors à la banquette, éprouvant un singulier sentiment d'angoisse et de vide dans la tête.

C'est alors que j'observai le premier phénomène qui me plongea dans l'étrange. Le voyageur de l'extrémité du wagon, ayant relevé sa banquette et assujetti son oreiller, s'étendit et ferma les yeux. Presque au même moment le dormeur qui me faisait face se leva sans bruit et tendit sur le globe de la lampe le petit rideau bleu à ressort. Dans ce mouvement, j'aurais dû voir sa figure — *et je ne la vis pas*. J'aperçus une tache confuse, de la couleur d'un visage humain, mais dont je ne pus distinguer le moindre trait. L'action avait été faite avec une rapidité silencieuse qui me stupéfia. Je n'avais pas eu le temps de voir le dormeur debout que déjà je n'apercevais plus que le fond blanc de son bonnet au-dessus de la couverture tigrée. La chose était insignifiante, mais elle me troubla. Comment le dormeur avait-il pu comprendre si vite que l'autre avait fermé les yeux ? Il avait tourné sa figure vers moi, et je ne l'avais pas vue ; la rapidité et le mystère de son geste étaient inexprimables.

Une ombre bleue flottait maintenant entre les banquettes capitonnées, à peine interrompue de temps à autre par le voile de lumière jaune jeté du dehors par un fanal à huile.

Le cercle de pensées qui me hantait revint à mesure que le battement du train croissait dans le silence. L'inquiétude du geste l'avait fixé, et des histoires d'assassins en chemin de fer surgissaient de l'obscurité, lentement modifiées à la façon de mélopées. La peur cruelle m'étreignait le cœur ; plus cruelle, parce qu'elle était plus vague, et que l'incertitude augmente la terreur. Visible, palpable, je sentais se dresser l'image de Jud — une face maigre avec des yeux caves, des pommettes saillantes et une barbiche sale — la figure de l'assassin Jud, qui tuait, la nuit, dans des wagons de premières et qu'on n'a jamais repris après son évasion. L'ombre m'aidait à transporter cette figure sur la forme du dormeur, à peindre des traits de Jud la tache confuse que j'avais vue à la lampe, à m'imaginer sous la couverture tigrée un homme tapi, prêt à bondir.

J'eus alors la tentation violente de me jeter à l'autre bout du wagon, de secouer le voyageur endormi, de lui crier mon péril. Un sentiment de honte me retenait. Pouvais-je expliquer mon inquiétude ? Comment répondre au regard étonné de cet homme bien élevé ? Il dormait confortablement, la tête sur l'oreiller, soigneusement enroulé, ses mains gantées, croisées sur sa poitrine : de quel droit irais-je le réveiller parce qu'un autre voyageur avait tiré le rideau de la lampe ? N'y avait-il pas déjà quelque symptôme de folie dans mon esprit, qui s'obstinait à rattacher le geste de l'homme à la connaissance qu'il aurait eue du sommeil de l'autre ? N'étaient-ce pas deux événements différents appartenant à des séries diverses, qu'une simple coïncidence rapprochait ? Mais ma crainte s'y butait et s'y obstinait ; si bien que, dans le silence rhythmé du train, je sentais battre mes tempes ; une ébullition de mon sang, qui contrastait douloureusement avec le calme extérieur, faisait tournoyer les objets autour de moi, et des événements futurs et vagues, mais avec la précision devinée de choses qui sont sur le point d'arriver, traversaient mon cerveau dans une procession sans fin.

Et tout à coup un calme profond s'établit en moi. Je sentis la tension de mes muscles se relâcher dans un abandon entier. Le tourbillonnement de ma pensée s'arrêta. J'éprouvai la chute intérieure qui précède le sommeil et l'évanouissement, et je m'évanouis véritablement les yeux ouverts. Oui, les yeux ouverts et doués d'une puissance infinie dont ils se servaient sans peine. Et la détente était si complète que j'étais à la fois incapable de gouverner mes sens ou de prendre une décision, de me représenter même une idée d'agir qui eût été à moi. Ces yeux surhumains se dirigèrent d'eux-mêmes sur l'homme à la figure mystérieuse, et, bien que perçant les obstacles, ils les percevaient. Ainsi je sus que je regardais à travers une dépouille de léopard et à travers un masque de soie couleur de peau humaine, crêpon couvrant une face basanée. Et mes yeux rencontrèrent immédiatement d'autres yeux d'un éclat noir insoutenable : je vis un homme vêtu d'étoffes jaunes, à boutons qui semblaient d'argent, enveloppé d'un manteau brun : je le savais couvert de la peau de léopard, mais je le voyais. J'entendais aussi (car mon ouïe venait d'acquérir une acuité extrême) sa respiration pressée et haletante, semblable à celle de quelqu'un qui ferait un effort considérable. Mais l'homme ne remuant ni bras ni jambes, ce devait être un effort intérieur ; c'en était un, à coup sûr — car sa volonté annihilait la mienne.

Une dernière résistance se manifesta en moi. Je sentis une lutte à laquelle je ne prenais réellement pas part ; une lutte soutenue par cet égoïsme profond qu'on ne connaît jamais et qui gouverne l'être. Puis des idées vinrent flotter devant mon esprit — idées qui ne m'appartenaient pas, que je n'avais pas créées, auxquelles je ne reconnaissais rien de commun à ma substance, perfides et attirantes comme l'eau noire vers laquelle on se penche.

L'une d'elles était l'assassinat. Mais je ne le concevais plus comme une œuvre pleine de terreur, accomplie par Jud, comme l'issue d'une épouvante sans nom. Je l'éprouvais possible, avec quelque lueur de curiosité et un anéantissement infini de tout ce qui avait jamais été ma volonté.

Alors l'homme voilé se leva, et, me regardant fixement sous son voile couleur de chair humaine, il se dirigea à pas glissants vers le voyageur endormi. D'une main il lui saisit la nuque, fermement, et lui fourra en même temps dans la bouche un tampon de soie. Je n'eus pas d'angoisse, ni le désir d'un cri. Mais j'étais auprès et je regardais d'un œil morne. L'homme voilé tira un couteau du Turkestan mince, effilé, dont la lame évidée avait une rigole centrale, et coupa la gorge au voyageur comme on saigne un mouton. Le sang gicla jusqu'au filet. Il avait enfoncé son couteau du côté gauche, en le ramenant vers lui d'un coup sec. La gorge était béante : il découvrit la lampe, et je vis le trou rouge. Puis il vida les poches et plongea ses mains dans la mare sanglante. Il vint vers moi, et je supportai sans révolte qu'il barbouillât mes doigts inertes et ma figure, où pas un pli ne bougeait.

L'homme voilé roula sa couverture, jeta autour de lui son manteau, tandis que je restais près du voyageur *assassiné*. Ce mot terrible ne m'impressionnait pas — lorsque soudain je me sentis manquer d'appui, sans volonté pour suppléer la mienne, vide d'idées, dans le brouillard. Et me réveillant par degrés, les yeux collés, la bouche glaireuse, avec ma nuque serrée d'une main de plomb, je me vis seul, au petit jour gris, avec un cadavre ballotant. Le train filait dans une campagne rase, à bouquets d'arbres clairsemés, d'une monotonie intense, — et lorsqu'il s'arrêta après un long sifflement dont l'écho traversait l'air frais du matin, j'apparus stupidement à la portière, avec ma figure barrée de caillots de sang.

BEATRICE

Τὴν ψυχὴν, Ἀγάθωνα φιλῶν, ἐπὶ χείλεσιν ἔσχον.
Ἦλθε γὰρ ἡ τλήμων, ὡς διαβησομένη.
PLATON.

Il ne me reste que peu d'instants à vivre : je le sens et je le sais. J'ai voulu une mort douce; mes propres cris m'auraient étouffé dans l'agonie d'un autre supplice; car je crains plus que l'ombre grandissante le son de ma voix; l'eau parfumée où je suis plongé, nuageuse comme un bloc d'opale, se teint graduellement de veines roses par mon sang qui s'écoule : quand l'aurore liquide sera rouge, je descendrai vers la nuit. Je n'ai pas tranché l'artère de ma main droite, qui jette ces lignes sur mes tablettes d'ivoire : trois sources jaillissantes suffisent pour vider le puits de mon cœur; il n'est pas si profond qu'il ne soit bientôt tari, et j'en ai pleuré tout le sang dans mes larmes.

Mais je ne puis plus sangloter, car l'affreuse terreur me serre la gorge quand j'entends mes sanglots ; que Dieu me retire la conscience avant le son de mon râle qui va venir ! Mes doigts faiblissent ; il est temps d'écrire ; j'ai lu assez longtemps le dialogue de Phédon, — mes pensées ne s'unissent plus qu'avec peine, et j'ai hâte de faire ma confession muette : l'air de la terre n'entendra plus ma voix.

Une tendre amitié m'avait dès longtemps rapproché de Béatrice. Toute petite, elle venait dans la maison de mon père, grave déjà, avec des yeux profonds, étrangement mouchetés de jaune. Sa figure était légèrement anguleuse, les méplats accusés, et la peau d'un blanc mat comme un marbre auquel un praticien n'aurait jamais touché, mais où le statuaire lui-même a mis la forte écriture de son ciseau. Les lignes couraient sur des arêtes vives, jamais adoucies par le trois-quarts ; et quand une émotion rougissait son visage, on eût dit d'une figure d'albâtre intérieurement éclairée par une lampe rose.

Elle était gracieuse, assurément, mais d'une souplesse dure, car la marque de son geste était si nette qu'elle restait fixée dans les yeux ; quand elle tordait ses cheveux sur son front, la symétrie parfaite de ses mouvements paraissait l'attitude votive d'une déesse immobile, bien différente de la fuite rapide des bras de jeunes filles, qui semble un battement d'ailes à peine soulevées. Pour moi, que l'étude des choses grecques plongeait dans la contemplation antique, Béatrice était un marbre antérieur à l'art humain de Phidias, une figure sculptée par les vieux maîtres Eginètes, suivant les règles immuables de l'harmonie supérieure.

Nous avions lu longtemps ensemble les immortels poètes des Grecs, mais surtout nous avions étudié les philosophes des premiers temps, et nous pleurions les poèmes de Xénophane et d'Empédocle, que nul œil humain ne verra plus. Platon nous charmait par la grâce infinie de son éloquence, quoique nous eussions repoussé l'idée qu'il se faisait de l'âme, jusqu'au jour où deux vers que ce divin sage avait écrits dans sa jeunesse me révélèrent sa véritable pensée et me plongèrent dans le malheur.

Voici ce terrible distique qui frappa un jour mes yeux dans le livre d'un grammairien de la décadence :

Tandis que je baisais Agathon, mon âme est venue sur mes lèvres :
Elle voulait, l'infortunée, passer en lui !

Dès que j'eus saisi le sens des paroles du divin Platon, une lumière éclatante se fit en moi. L'âme n'était point différente de la vie : c'était le souffle animé qui peuple le corps ; et, dans l'amour, ce sont les âmes qui se cherchent lorsque les amants se baisent sur la bouche : l'âme de l'amante veut habiter dans le beau corps de celui qu'elle aime, et l'âme de l'amant désire ardemment se fondre dans les membres de sa maîtresse. Et les infortunés n'y parviennent jamais. Leurs âmes montent sur leurs lèvres, elles se rencontrent, elles se mêlent, mais elles ne peuvent pas émigrer. Or, y aurait-il un plaisir plus céleste que de changer de personnes en amour, que de se prêter ces vêtements de chair si chaudement caressés, si voluptueusement voulus? Quelle étonnante abnégation, quel suprême abandon que de donner son corps à l'âme d'une autre, au souffle d'un autre! Mieux qu'un dédoublement, mieux qu'une possession éphémère, mieux que le mélange inutile et décevant de l'haleine; c'est le don supérieur de la maîtresse à son amant, le parfait échange si vainement rêvé, le terme infini de tant d'étreintes et de morsures.

Or j'aimais Béatrice, et elle m'aimait. Nous nous l'étions dit souvent, tandis que nous lisions les mélancoliques pages du poète Longos, où les couplets de prose tombent avec une cadence monotone. Mais nous ignorions autant l'amour de nos âmes que Daphnis et Chloé ignoraient l'amour de leurs corps. Et ces vers du divin Platon nous révélèrent le secret éternel par où les âmes amantes peuvent se posséder parfaitement. Et dès lors, Béatrice et moi nous ne pensâmes plus qu'à nous unir ainsi pour nous abandonner l'un à l'autre.

Mais ici commença l'indéfinissable horreur. Le baiser de la vie ne pouvait nous marier indissolublement. *Il fallait que l'un de nous se sacrifiât à l'autre.* Car le voyage des âmes ne saurait être une migration réciproque. Nous le sentions bien tous deux, mais nous n'osions nous le dire. Et j'eus l'atroce faiblesse, inhérente à l'égoïsme de mon âme d'homme, de laisser Béatrice dans l'incertitude. La sculpturale beauté de mon amie se mit à décliner. La lampe rose cessa de s'allumer à l'intérieur de son visage d'albâtre. Les médecins donnèrent à son mal le nom d'anémie ; mais je savais que c'était son âme qui se retirait de son corps. Elle évitait mes regards anxieux avec un sourire triste. L'amaigrissement de ses membres devint excessif. Son visage fut bientôt si pâle que les yeux seuls y brillaient d'un feu sombre. Les rougeurs apparaissaient et s'évanouissaient sur ses joues et ses lèvres comme les dernières vacillations d'une flamme qui va s'éteindre. Alors je sus que Béatrice allait m'appartenir entièrement dans peu de jours, et malgré ma tristesse infinie une joie mystérieuse s'étendit en moi.

Le dernier soir, elle m'apparut sur les draps blancs comme une statue de cire vierge. Elle tourna lentement sa figure vers moi, et dit : « Au moment où je mourrai, je veux que tu me baises sur la bouche et que mon dernier souffle passe en toi ! »

Je crois que je n'avais jamais remarqué combien sa voix était chaude et vibrante ; mais ces paroles me donnèrent l'impression d'un fluide tiède qui me toucherait. Presque aussitôt ses yeux suppliants cherchèrent les miens, et je compris que l'instant était venu. J'attachai mes lèvres sur les siennes pour boire son âme.

Horreur ! infernale et démoniaque horreur ! *Ce n'est pas l'âme de Béatrice qui passa en moi, c'est sa voix !* Le cri que je poussai me fit chanceler et blêmir. Car ce cri aurait dû s'échapper des lèvres de la morte, et c'est de ma gorge qu'il jaillissait. *Ma voix était devenue chaude et vibrante, et elle me donnait l'impression d'un fluide tiède qui me toucherait.* J'avais tué Béatrice et j'avais tué ma voix ; la voix de Béatrice habitait en moi, une voix tiède d'agonisante qui me terrifiait.

Mais aucun des assistants ne parut s'en apercevoir : ils s'empressaient autour de la morte pour accomplir leurs fonctions.

La nuit vint, silencieuse et lourde. Les flammes des cierges montaient tout droit et très haut, léchant presque les tentures pesantes. Et le dieu de la Terreur avait étendu sa main sur moi. Chacun de mes sanglots me faisait mourir de mille morts : il était exactement semblable aux sanglots de Béatrice quand, devenue inconsciente, elle se lamentait de mourir. Et, tandis que je pleurais, agenouillé près du lit, le front sur les draps, c'étaient ses pleurs à elle qui semblaient s'élever en moi, sa voix passionnée qui semblait flotter dans l'air, plaignant sa misérable mort.

N'aurais-je pas dû le savoir ? La voix est éternelle ; la parole ne périt pas. Elle est la migration perpétuelle des pensées humaines, le véhicule des âmes ; les mots gisent desséchés sur les feuilles de papier, comme les fleurs dans un herbier ; mais la voix les fait revivre de sa propre vie immortelle. Car la voix n'est autre chose que le mouvement des molécules de l'air sous l'impulsion d'une âme; et l'âme de Béatrice était en moi, mais je ne pouvais comprendre et sentir que sa voix.

Maintenant que nous allons être délivrés, ma terreur s'apaise ; mais elle va se renouveler ; je la sens arriver, cette horreur inexprimable ; la voici qui nous saisit — car je râle, — et mon râle, qui est chaud et vibrant, plus tiède que l'eau de ma baignoire, *c'est le râle de Béatrice!*

LILITH

―――

Not a drop of her blood was human,
But she was made like a soft sweet woman.
DANTE-GABRIEL ROSSETTI.

Je pense qu'il l'aima autant qu'on peut aimer une femme ici-bas; mais leur histoire fut plus triste qu'aucune autre. Il avait longtemps étudié Dante et Pétrarque; les formes de Béatrice et de Laure flottaient devant ses yeux et les divins vers où resplendit le nom de François de Rimini chantaient à ses oreilles.

Il avait passionnément aimé dans la première ardeur de sa jeunesse les vierges tourmentées du Corrège, dont les corps voluptueusement épris du ciel ont des yeux qui désirent, des bouches qui palpitent et appellent douloureusement l'amour. Plus tard, il admira la pâle splendeur humaine des figures de Raphaël, et leur sourire paisible, et leur contentement virginal. Mais lorsqu'il fut lui-même, il choisit pour maître, comme Dante, Brunetto Latini, et vécut dans son siècle, où les faces rigides ont l'extraordinaire béatitude des paradis mystérieux.

Et, parmi les femmes, il connut d'abord Jenny, qui était nerveuse et passionnée, dont les yeux étaient adorablement cernés, noyés d'une humidité langoureuse avec un regard profond. Ce fut un amant triste et rêveur; il cherchait l'expression de la volupté avec une âcreté enthousiaste; et quand Jenny s'endormait, lassée, aux rayons du matin, il épandait les guinées brillantes parmi ses cheveux ensoleillés; puis, contemplant ses paupières battues et ses longs cils qui reposaient, son front candide qui semblait ignorant du péché, il se demandait amèrement, accoudé sur l'oreiller, si elle ne préférait pas l'or jaune à son amour, et quels rêves désenchantants passaient sous les parois transparentes de sa chair.

Puis il imagina les filles des temps superstitieux, qui envoûtaient leurs amants, ayant été abandonnées par eux; il choisit Hélène, qui tournait dans une poêle d'airain l'image en cire de son fiancé perfide : il l'aima, tandis qu'elle lui perçait le cœur avec sa fine aiguille d'acier. Et il la quitta pour Rose-Mary, à qui sa mère, qui était fée, avait donné un globe cristallin de béryl comme gage de sa pureté. Les esprits du béryl veillaient sur elle et la berçaient de leurs chants. Mais lorsqu'elle succomba, le globe devint couleur d'opale, et elle le fendit d'un coup de glaive dans sa fureur; les esprits du béryl s'échappèrent en pleurant de la pierre brisée, et l'âme de Rose-Mary s'envola avec eux.

Alors il aima Lilith, la première femme d'Adam, qui ne fut pas créée de l'homme. Elle ne fut pas faite de terre rouge, comme Eve, mais de matière inhumaine; elle avait été semblable au serpent, et ce fut elle qui tenta le serpent pour tenter les autres. Il lui parut qu'elle était plus vraiment femme, et la première, de sorte que la fille du Nord qu'il aima finalement dans cette vie, et qu'il épousa, il lui donna le nom de Lilith.

Mais c'était un pur caprice d'artiste; elle était semblable à ces figures préraphaélites qu'il faisait revivre sur ses toiles. Elle avait les yeux de la couleur du ciel, et sa longue chevelure blonde était lumineuse comme celle de Bérénice, qui, depuis qu'elle l'offrit aux dieux, est épandue dans le firmament. Sa voix avait le doux son des choses qui sont près de se briser; tous ses gestes étaient tendres comme des lissements de plumes; et si souvent elle avait l'air d'appartenir à un monde différent de celui d'ici-bas qu'il la regardait comme une vision.

Il écrivit pour elle des sonnets étincelants, qui se suivaient dans l'histoire de son amour, et il leur donna le nom de *Maison de la vie*. Il les avait copiés sur un volume fait avec des pages de parchemin; l'œuvre était semblable à un missel patiemment enluminé.

Lilith ne vécut pas longtemps, n'étant guère née pour cette terre; et comme ils savaient tous deux qu'elle devait mourir, elle le consola du mieux qu'elle put.

« Mon aimé, lui dit-elle, des barrières d'or du ciel je me pencherai vers toi; j'aurai trois lys à la main, sept étoiles aux cheveux. Je te verrai du pont divin qui est tendu sur l'éther; et tu viendras vers moi et nous irons dans les puits insondables de lumière. Et nous demanderons à Dieu de vivre éternellement comme nous nous sommes aimés un moment ici-bas ».

Il la vit mourir, tandis qu'elle disait ces mots, et il en fit aussitôt un poème magnifique, le plus beau joyau dont on eût jamais paré une morte. Il pensa qu'elle l'avait quitté déjà depuis dix ans; et il la voyait, penchée sur les barrières d'or du ciel, jusqu'à ce que la barre fût devenue tiède à la pression de son sein, jusqu'à ce que les lys se fussent assoupis dans ses bras. Elle lui murmurait les mêmes paroles; puis elle écoutait longtemps et souriait: « Tout cela sera quand il viendra », disait-elle. Et il la voyait sourire; puis elle tendait ses bras le long des barrières, et elle plongeait sa figure dans ses mains, et elle pleurait. Il entendait ses pleurs.

Ce fut la dernière poésie qu'il écrivit dans le livre de Lilith. Il le ferma — pour jamais — avec des fermoirs d'or, et, brisant sa plume, il jura qu'il n'avait été poète que pour elle, et que Lilith emporterait sa gloire dans sa tombe.

Ainsi les anciens rois barbares entraient en terre suivis de leurs trésors et de leurs esclaves préférés. On égorgeait au-dessus de la fosse ouverte les femmes qu'ils aimaient, et leurs âmes venaient boire le sang vermeil.

Le poète qui avait aimé Lilith lui donnait la vie de sa vie et le sang de son sang; il immolait son immortalité terrestre et mettait au cercueil l'espoir des temps futurs.

Il souleva la chevelure lumineuse de Lilith, et plaça le manuscrit sous sa tête; derrière la pâleur de sa peau il voyait luire le maroquin rouge et les agrafes d'or qui resserraient l'œuvre de son existence.

Puis il s'enfuit, loin de la tombe, loin de tout ce qui avait été humain, emportant l'image de Lilith dans son cœur et ses vers qui sonnaient dans son cerveau. Il voyagea, cherchant les paysages nouveaux, ceux qui ne lui rappelaient pas son amie. Car il voulait en garder le souvenir par lui-même, non que la vue des objets indifférents la fît reparaître à ses yeux, non pas une Lilith humaine en vérité, telle qu'elle avait semblé être dans une forme éphémère, mais une des élues, idéalement fixée au delà du ciel, et qu'il irait rejoindre un jour.

Mais le bruit de la mer lui rappelait ses pleurs, et il entendait sa voix dans la basse profonde des forêts; et l'hirondelle, tournant sa tête noire, semblait le gracieux mouvement du cou de sa bien-aimée, et le disque de la lune, brisé dans les eaux sombres des étangs de clairière, lui renvoyait des milliers de regards dorés et fuyants.

Soudain une biche entrant au fourré lui étreignait le cœur d'un souvenir; les brumes qui enveloppent les bosquets à la lueur bleutée des étoiles prenaient forme humaine pour s'avancer vers lui, et les gouttes d'eau de la pluie qui tombe sur les feuilles mortes semblaient le bruit léger des doigts aimés.

Il ferma ses yeux devant la nature ; et dans l'ombre où passent les images de lumière sanglante, il vit Lilith, telle qu'il l'avait aimée, terrestre, non céleste, humaine, non divine, avec un regard changeant de passion et qui était tour à tour le regard d'Hélène, de Rose-Mary et de Jenny; et quand il voulait se l'imaginer penchée sur les barrières d'or du ciel, parmi l'harmonie des sept sphères, son visage exprimait le regret des choses de la terre, l'infélicité de ne plus aimer.

Alors il souhaita d'avoir les yeux sans paupières des êtres de l'enfer, pour échapper à de si tristes hallucinations.

Et il voulut ressaisir par quelque moyen cette image divine. Malgré son serment, il essaya de la décrire, et la plume trahit ses efforts. Ses vers pleuraient aussi sur Lilith, sur le pâle corps de Lilith que la terre enfermait dans son sein. Alors il se souvint (car deux années s'étaient écoulées) qu'il avait écrit de merveilleuses poésies où son idéal resplendissait étrangement. Il frissonna.

Quand cette idée l'eut repris, elle le tint tout entier. Il était poète avant tout ; Corrège, Raphaël et les maîtres préraphaélites, Jenny, Hélène, Rose-Mary, Lilith n'avaient été que des occasions d'enthousiasme littéraire. Même Lilith ? Peut-être, — et cependant Lilith ne voulait revenir à lui que tendre et douce comme une femme terrestre. — Il pensa à ses vers, et il lui en revint des fragments, qui lui semblèrent beaux. Il se surprit à dire : « Et pourtant il devait y avoir là des choses bien ». Il remâcha l'âcreté de la gloire perdue. L'homme de lettres revécut en lui et le rendit implacable.. . . . . .
. . . .

Un soir il se retrouva, tremblant, poursuivi par une odeur tenace qui s'attache aux vêtements, avec de la moiteur de terre aux mains, un fracas de bois brisé dans les oreilles — et devant lui le livre, l'œuvre de sa vie qu'il venait d'arracher à la mort. Il avait volé Lilith ; et il défaillait à la pensée des cheveux écartés, de ses mains fouillant parmi la pourriture de ce qu'il avait aimé, de ce maroquin terni qui sentait la morte, de ces pages odieusement humides d'où s'échapperait la gloire avec un relent de corruption.

Et lorsqu'il eut revu l'idéal un instant senti, quand il crut voir de nouveau le sourire de Lilith et boire ses larmes chaudes, il fut pris du frénétique désir de cette gloire. Il lança le manuscrit sous les presses d'imprimerie, avec le remords sanglant d'un vol et d'une prostitution, avec le douloureux sentiment d'une vanité inassouvie. Il ouvrit au public son cœur, et en montra les déchirements ; il traîna sous les yeux de tous le cadavre de Lilith et son inutile image parmi les demoiselles élues ; et de ce trésor forcé par un sacrilège, entre les ruissellements des phrases, retentissent des craquements de cercueil.

LES PORTES DE L'OPIUM

> O most just, subtle and potent opium!...
> THOMAS DE QUINCEY.

Je fus toujours l'ennemi d'une vie réglée comme celle de tous les autres. La monotonie persistante des actions répétées et habituelles m'exaspérait. Mon père m'ayant laissé la disposition d'une énorme fortune, je n'eus point le désir de vivre en élégant. Les hôtels somptueux ni les attelages de luxe ne m'attiraient; non plus les chasses forcenées ou la vie insolente des villes d'eaux; le jeu ne présentait que deux alternatives à mon esprit agité: c'était trop peu. Nous étions arrivés dans un temps extraordinaire où les romanciers nous avaient montré toutes les faces de la vie humaine et tous les dessous des pensées. On était lassé de bien des sentiments avant de les avoir éprouvés; plusieurs se laissaient attirer vers un gouffre d'ombres mystiques et inconnues; d'autres étaient possédés par la passion de l'étrange, par la recherche quintessenciée de sensations nouvelles; d'autres enfin se fondaient dans une large pitié qui s'étendait sur toutes choses.

Ces poursuites avaient créé en moi une curiosité extravagante de la vie humaine. J'éprouvais le désir douloureux de m'aliéner à moi-même, d'être souvent soldat, pauvre, ou marchand, ou la femme que je voyais passer, secouant ses jupes, ou la jeune fille tendrement voilée qui entrait chez un pâtissier : elle relevait son voile à demi, mordait dans un gâteau, puis, versant de l'eau dans un verre, elle restait, la tête penchée.

Ainsi il est facile de comprendre pourquoi je fus hanté par la curiosité d'une porte. Il y avait dans un quartier éloigné un haut mur gris, percé d'yeux grillés à de grandes hauteurs, avec de fausses fenêtres pâlement dessinées par places. Et au bas de ce mur, dans une position singulièrement inégale, sans qu'on pût savoir ni pourquoi, ni comment, loin des trous grillés, on voyait une porte basse, en ogive, fermée d'une serrure à longs serpents de fer; et croisée de traverses vertes. La serrure était rouillée, les gonds étaient rouillés; dans la vieille rue abandonnée les orties et les ravenelles avaient jailli par bouquets sous le seuil, et des écailles blanchâtres se soulevaient sur la porte comme sur la peau d'un lépreux.

Derrière, y avait-il des êtres vivants? Et quelle

insolite existence devaient-ils mener, s'ils passaient les journées à l'ombre de ce grand mur gris, cloîtrés du monde par la petite porte basse qu'on ne voyait jamais ouverte ! D'heure en heure mes promenades inactives me ramenaient dans cette rue silencieuse, et j'interrogeais la porte comme un problème.

Un soir que j'errais dans la foule, cherchant de curieuses figures, je remarquai un vieux petit homme qui tressautait en marchant. Il avait un foulard rouge pendant de sa poche, et il frappait le pavé d'une canne tordue, en ricanant. Sous le gaz sa figure semblait barrée d'ombre, et les yeux y étincelaient de lueurs si verdâtres que je fus invinciblement ramené *à l'idée de la porte* : dans l'instant je devins sûr qu'il y avait entre lui et elle quelque relation.

Je suivis cet homme. Je ne puis pas dire qu'il ait rien fait pour cela. Mais il m'était impossible d'agir autrement, et quand il parut au bout de la rue abandonnée où était la porte, je fus illuminé de ce pressentiment soudain qui vous fait saisir, comme dans un éclair du temps, qu'on sait ce qui va se passer. Il frappa deux ou trois coups ; la porte roula sur ses gonds rouillés sans grincer. Je n'hésitai pas, et je m'élançai ; mais je trébuchai sur les jambes d'un mendiant que je n'avais pas vu, et qui s'était assis le long du mur. Il avait sur les genoux une écuelle de terre et une cuillère d'étain à la main ; levant son bâton, il me maudit d'une voix rauque, lorsque la porte se referma silencieusement sur moi.

J'étais dans un immense jardin sombre, où les herbes folles et les plantes sauvages poussaient à hauteur de genoux. La terre était détrempée, comme par des pluies continuelles ; elle paraissait de glaise, tant elle s'attachait aux pas. Tâtonnant dans l'obscurité vers le bruit mat du vieux qui avançait, je vis bientôt poindre une éclaircie ; il y avait des arbres où pendaient des lanternes de papier faiblement éclairées, donnant une lumière roussâtre, diffuse ; et le silence était moins profond, car le vent semblait respirer lentement dans les branches.

En approchant, je vis que ces lanternes étaient peintes de fleurs orientales et qu'elles dessinaient en l'air les mots :

MAISON D'OPIUM

Devant moi se dressait une maison blanche, carrée, avec des ouvertures étroites et longues d'où sortait une lente musique grinçante de cordes, coupée de battements, et une mélopée de voix rêveuses. Le vieux se tenait sur le seuil, et, agitant gracieusement son foulard rouge, il m'invitait du geste à entrer.

J'aperçus dans le couloir une mince créature jaune, vêtue d'une robe flottante ; vieille aussi, avec la tête branlante et la bouche édentée — elle me fit entrer dans une pièce oblongue, tendue de soie blanche. Sur les tentures des raies noires s'élevaient verticalement, croissant jusqu'au plafond. Puis il y eut devant moi un jeu de tables de laque, rentrant les unes dans les autres, avec une lampe de cuivre rouge où une fine flamme filait, un pot de porcelaine plein d'une pâte grisâtre, des épingles, trois ou quatre pipes à tige de bambou, à fourneau d'argent. La vieille femme jaune roula une boulette, la fit fondre à la flamme autour d'une épingle, et, la plantant avec précaution dans le fourneau de la pipe, elle y tassa plusieurs rondelles. Alors, sans réflexion, j'allumai, et je tirai deux bouffées d'une fumée âcre et vénéneuse qui me rendit fou.

Car je vis passer devant mes yeux aussitôt, bien qu'il n'y eût eu aucune transition, l'image de la porte et les figures bizarres du vieux homme au foulard rouge, du mendiant à l'écuelle et de la vieille à la robe jaune. Les raies noires se mirent à grandir en sens inverse vers le plafond, et à diminuer vers le plancher, dans une sorte de gamme chromatique de dimensions qu'il me semblait entendre résonner dans mes oreilles. Je perçus le bruit de la mer et des vagues qui se brisent, chassant l'air des grottes rocheuses par des coups sourds. La chambre changea de direction sans que j'eusse l'impression d'un mouvement; il me parut que mes pieds avaient pris la place de ma tête et que j'étais couché sur le plafond. Enfin il y eut en moi un anéantissement complet de mon activité; je désirai rester ainsi éternellement et continuer à éprouver.

C'est alors qu'un panneau glissa dans la chambre,

par où entra une jeune femme comme je n'en avais jamais vu. Elle avait la figure frottée de safran et les yeux attirés vers les tempes ; ses cils étaient gommés d'or et les conques de ses oreilles délicatement relevées d'une ligne rose. Ses dents, d'un noir d'ébène, étaient constellées de petits diamants fulgurants, et ses lèvres étaient complètement bleuies. Ainsi parée, avec sa peau épicée et peinte, elle avait l'aspect et l'odeur des statues d'ivoire de Chine, curieusement ajourées et rehaussées de couleurs bariolées. Elle était nue jusqu'à la ceinture ; ses seins pendaient comme deux poires et une étoffe brune guillochée d'or flottait sur ses pieds.

Le désir d'étrangeté qui me tenait devint alors si violent que je me précipitai vers cette femme peinte en l'implorant : chacune des couleurs de son costume et de sa peau semblait à l'hyperesthésie de mes sens un son délicieux dans l'harmonie qui m'enveloppait ; chacun de ses gestes et les poses de ses mains étaient comme des parties rhythmées d'une danse infiniment variée dont mon intuition saisissait l'ensemble.

Et je lui disais, en la suppliant : — Fille de Lebanon, si tu es venue à moi des profondeurs mystérieuses de l'Opium, reste, reste... mon cœur te veut. Jusqu'à la fin de mes jours je me nourrirai de l'impréciable drogue qui te fait paraître à mes yeux. L'opium est plus puissant que l'ambroisie, puisqu'il donne l'immortalité du rêve, non plus la misérable éternité de la vie ; plus subtil que le nectar, puisqu'il crée des êtres si étrangement brillants; plus juste que tous les dieux, puisqu'il réunit ceux qui sont faits pour s'aimer!

— Mais si tu es une femme née de chair humaine, tu es mienne — pour toujours — car je veux donner tout ce qui est à moi pour te posséder...

Elle fixa sur moi ses yeux miroitants entre les cils d'or, s'approcha lentement et s'assit dans une pose douce qui faisait battre mon cœur. « Est-il vrai ? murmura-t-elle. Donnerais-tu ta fortune pour m'avoir ? » — Elle secoua la tête avec incrédulité.

Je vous dis que la folie me tenait. Je saisis mon carnet de chèques — je le signai en blanc et je le lançai dans la chambre — il rebondit sur le parquet. « Hélas ! dit-elle — aurais-tu le courage d'être mendiant pour être à moi ? Il me semble que je t'aimerais mieux; dis — veux-tu ? » — Elle me déshabillait légèrement. Alors la vieille femme jaune amena le mendiant qui était devant la porte; il entra en hurlant et il eut mes vêtements d'apparat avec lesquels il s'enfuit; moi j'eus son manteau rapiécé, son feutre troué, son écuelle, sa cuillère et sa sébile.

Et quand je fus ainsi accoutré : — Va, — dit-elle, et elle frappa dans ses mains.

Les lampes s'éteignirent, les panneaux tombèrent. La fille de l'Opium s'évanouit. A la clarté confuse des murs je vis le vieux homme au foulard rouge, la vieille à la robe jaune, le hideux mendiant vêtu de mes habits qui se jetèrent sur moi et me poussèrent vers un couloir obscur. Je passai, je fus porté à travers des tunnels gluants, entre des murailles visqueuses. Un temps innapréciable s'écoula. Je perdis la notion des heures, me sentant toujours entraîné.

Tout à coup la lumière blanche me saisit tout entier ; mes yeux tremblèrent dans leurs orbites ; mes paupières clignèrent au soleil.

Je me trouvai assis devant une petite porte basse, en ogive, fermée d'une serrure à longs serpents de fer et croisée de traverses vertes : une porte rigoureusement semblable à la porte mystérieuse, mais percée dans un immense mur blanchi à la chaux. La rase campagne s'étendait devant moi ; l'herbe était brûlée, le ciel d'un bleu opaque. Tout m'était inconnu, jusqu'aux tas de crottins qui gisaient près de moi.

Et j'étais là, perdu, pauvre comme Job, nu comme Job, derrière la seconde porte ; je la secouai, je l'ébranlai — elle est fermée à jamais. Ma cuillère d'étain claque contre ma sébile. Oh ! oui, l'opium est plus puissant que l'ambroisie, donnant l'éternité d'une vie misérable — plus subtil que le nectar, mordant le cœur de peines si cruelles — plus juste que les dieux, punissant les curieux qui ont voulu violer les secrets de l'au-delà ! O très juste, subtil et puissant opium ! Hélas, hélas, ma fortune est détruite — oh ! oh ! mon argent est perdu !

SPIRITISME

Je trouvai sur ma table, en rentrant, une invitation du Cercle Spirite. Nous avions joué au poker, et il était très tard. Néanmoins je fus tenté par la curiosité; le programme annonçait un spectacle distingué, une évocation surprenante d'esprits. Il me passa par la tête l'envie de causer avec une demi-douzaine de célébrités disparues. Je n'avais jamais vu de séance spirite, et je n'étais pas fâché de cette occasion. Quoique j'éprouvasse un certain picotement des paupières, un tremblement assez caractérisé des mains, et que mon cerveau me parût noyé dans un brouillard suffisamment fumeux, je crus pouvoir affronter la conversation et je préparai mentalement quelques « colles » pour les âmes qui manqueraient de mémoire.

Le Cercle Spirite est un endroit singulier. On vous débarrasse de votre canne à l'entrée, de peur que vous frappiez à contre-temps. Lorsque j'arrivai, la séance était déjà fort avancée. Il y avait autour d'une table en noyer une dizaine d'individus, les uns très chevelus, les autres très chauves, qui avaient la mine excitée. Sur un guéridon, à droite, une soucoupe renversée était marquée des lettres de l'alphabet crayonnées au charbon. Une personne pâle se tenait au milieu, un carnet d'une main, un crayon de l'autre. Je reconnus Stéphane Winnicox, le banquier Colliwobles, Herr Professor Zahnweh. Je fus frappé de l'absence de linge, des redingotes qui semblaient boutonnées sans boutons et des yeux qui fleuraient l'absinthe.

Comme je m'asseyais sur une chaise qui, apparemment, n'était animée d'aucun mouvement, l'un des individus me toucha l'épaule et m'apprit que la personne pâle qui tenait un carnet se nommait M. Médium. Je le remerciai poliment, et je le remis aussitôt. C'était un de mes anciens camarades de collège — non pas l'un des plus forts. Il avait eu l'habitude autrefois de rhythmer la classe avec des roulements de pieds. Je le lui rappelai, et il sourit d'un air de supériorité en me disant que ces bruits devaient être attribués aux Esprits Frappeurs.

Un autre membre du Cercle, qui portait une rosette multicolore, mais dont le col de chemise semblait s'être converti par une progression de teinture lente en prolongement de son habit, me proposa d'évoquer quelques-unes de mes connaissances. J'acceptai, et, me dirigeant vers la table, je demandai à haute voix si *Gerson* était présent.

Il y eut un chuchotement parmi les membres du Cercle. M. Médium me regarda fixement, et je crus voir qu'on demandait des renseignements à mon camarade.

— Nous ne savons, me dit M. Médium, si M. Gerson sera libre ce soir. Vous êtes bien sûr qu'il est mort?...

— Il doit être, répondis-je, dans la situation d'un chien noyé depuis plusieurs années au bord d'une rive désavantageuse, car le cimetière des Innocents n'était pas, à cette époque, en fort bon état.

Les amis de M. Médium et M. Médium lui-même parurent surpris. Mon camarade me demanda si ce n'était pas Ivry que je voulais dire.

— Peut-être que c'est Ivry, peut-être que c'est le Père-la-Chaise, — je n'en sais rien, dis-je. *Il* doit connaître cela mieux que moi. Je ne suis pas de première force sur la topographie de Paris.

M. Médium s'assit, planta son crayon debout sur le carnet, tandis que nous restions muets autour de lui. Puis, tout à coup, il fut pris d'une danse de Saint-Guy et son crayon fournit l'assortiment de signes le plus hétéroclite que j'aie jamais vu. Il considéra ce grimoire et déclara que les Esprits étaient allés chercher M. Gerson, qui viendrait bientôt en personne spirituelle.

Nous attendîmes quelques minutes, lorsque la table se mit peu à peu à craquer et à gémir ; ce qui signifiait, me dit mon camarade dans l'oreille, que M. Gerson était arrivé et qu'il désirait répondre à mes questions.

Mais M. Médium s'avança et demanda premièrement d'une voix forte si M. Gerson était mort depuis longtemps, s'il était disposé à nous dire depuis combien de temps et s'il voudrait bien convenir de frapper cinq coups par année — afin d'abréger le calcul — avec les pieds de derrière de la table, ce qui nous permettrait de connaître le chiffre.

M. Gerson, qui paraît avoir été une personne vigoureuse dans son temps, se mit immédiatement en devoir de répondre, et fit exécuter à la table une série de sauts-de-mouton sur ses pieds de devant. Les pieds de derrière frappaient le plancher d'une manière prodigieuse. Ma tête aurait éclaté s'il m'avait fallu compter les coups ; mais M. Médium les suivait avec une habitude consommée en hochant la tête d'un air entendu.

Au bout d'une heure et demie environ, la table donna des signes évidents de fatigue : on ne l'entendait pas souffler, mais M. Gerson devait avoir les bras rompus et les derniers coups ressemblaient au petit bruit d'une pipe qu'on fait claquer sur l'ongle. M. Médium nous dit qu'il avait enregistré le nombre extraordinaire de 2,255, ce qui donnait *quatre cent cinquante et un ans* coup pour coup.

Il me demanda ensuite si je désirais savoir le mois, le jour et l'heure ; mais je préférai y renoncer.

Je m'avançai vers la table habitée par M. Gerson, et je lui dis, d'une voix très douce :

— Monsieur Gerson, je suppose que vous me comprenez, même si je ne parle pas latin. Il y a une question qui me tourmente beaucoup. Pouvez-vous me dire si vous êtes vraiment l'auteur de l'*Imitation*, ou si c'est un de vos amis ?

Gerson ne répondit pas aussitôt, parce que M. Médium était en train de passer avec lui une série de conventions alphabétiques. Une fois la communication établie, la table se souleva et s'abaissa un certain nombre de fois, puis s'arrêta.

M. Médium nous dit que ces frappements représentaient la syllabe B U. Mon camarade suggéra *Bucéphale*, en rassemblant tous ses souvenirs classiques ; mais je lui rappelai que c'était le cheval d'Alexandre, et, quelques versions de Quinte-Curce pesant sur sa conscience, il ne dit plus rien, jusqu'à ce qu'il s'écriât, d'un ton triomphant : « *Buridan*, c'est de l'époque ! »

La table prit un mouvement giratoire prononcé. M. Médium nous dit que c'était sa façon de secouer la tête. Elle n'avait même pas l'air flatté. « Ce qui prouve, dit quelqu'un, en faveur de l'histoire de l'âne ! »

Mon camarade proposa de nouveau : *Budée*. Mais un savant de l'assistance l'informa que Budaeus n'avait pu composer l'*Imitation*, pour l'excellente raison qu'il était né cent ans après.

Là-dessus, il se tut pour de bon. Puis M. Médium ayant remarqué des indices de loquacité dans la table, les développa subitement et en tira la syllabe TOR.

Le monsieur savant nous dit qu'il ne connaissait aucun personnage de ce nom et qu'il était extrêmement improbable que l'*Imitation* fût l'œuvre d'un oiseau. Toutefois la table répéta avec complaisance : *Butor, butor, butor,* jusqu'au moment où le monsieur savant émit la conjecture que nous étions victimes des esprits de tous les suppôts de la Fête des Fous, contre laquelle Gerson avait prêché.

Dès lors, il se produisit un effroyable vacarme. La table se cabra ; les chaises tournoyèrent sur un pied ; le guéridon exécuta une sarabande, et la soucoupe, évoluant avec habileté, vint aplatir le nez de différents membres du Cercle.

M. Médium nous dit que les esprits étant agités ce soir ne voudraient plus parler, et il éteignit le gaz de l'établissement.

Après avoir tâtonné dans l'escalier très étroit, je retournais me coucher, lorsque je fus accosté par mon camarade. Il me dit que son hôtel devait être fermé, et me demanda si je ne pouvais pas le recevoir. Je l'emmenai et je le couchai dans ma chambre, sur un divan matelassé.

Sitôt que je fus au lit, je m'endormis d'un profond

sommeil. Au bout d'un temps, il me sembla voir de la lumière et entendre souffler. — Je me dressai : — mon camarade, en chemise, agenouillé devant le guéridon de nuit le caressait à petits coups de main, en murmurant: « Là — oh là ! *ch-t* — *ch-t!* »

— Qu'est-que tu fais? criai-je.

— C'est le guéridon qui tourne, dit-il, j'essaie de le calmer. — Ah! tu veux tourner; tu ne veux pas t'arrêter... — Oust, par la fenêtre!

Le guéridon vola contre les vitres.

Je lui dis : « Voyons, il est inutile de causer avec les meubles. Les meubles n'ont pas d'oreilles. On ne peut pas expostuler avec eux. Ne dérange pas mon mobilier. Les meubles les mieux fabriqués n'entendront jamais raison. »

Mais il continua, posément, sans répondre. Après avoir fait *ch-ch-t*, pendant quelque temps, il caressa la table, voulut la calmer, puis, saisi de fureur, la précipita par les carreaux. Je l'entendis se briser sur le pavé.

Je lui dis de nouveau : « A quoi cela sert-il? Laisse, oh! laisse-moi mon armoire à glace, ma table de toilette. Je te garantis leur moralité. Elles ne tournent jamais. Elles ne t'écouteront pas, — ne les jette pas dans la rue! »

Il ne répondit rien, parla à l'armoire et l'envoya se fracasser sur le trottoir, dit quelques mots à la toilette, puis la projeta vers le balcon. Enfin il devint giroyant lui-même, s'invectiva, les yeux hagards, essaya de s'empêcher de tourner, et d'un seul bond s'envoya à travers la croisée, la tête la première, dans le vide.

C'est le seul spirite que j'aie vu mourir. J'espère qu'ils ne détruisent pas toujours leur mobilier auparavant. Je regrette beaucoup le mien. Il était de pure époque Louis XV. En tous cas je suis heureux de pouvoir prier les Cercles Spirites, par la voie de ce papier, d'expédier dorénavant leurs invitations ailleurs que chez moi.

UN SQUELETTE

J'ai couché une fois dans une maison hantée. Je n'ose pas trop raconter cette histoire, parce que je suis persuadé que personne ne la croira. Très certainement cette maison était hantée, mais rien ne s'y passait comme dans les maisons hantées. Ce n'était pas un château vermoulu perché sur une colline boisée au bord d'un précipice ténébreux. Elle n'avait pas été abandonnée depuis plusieurs siècles. Son dernier propriétaire n'était pas mort d'une manière mystérieuse. Les paysans ne se signaient pas avec effroi en passant devant. Aucune lumière blafarde ne se montrait à ses fenêtres en ruines quand le beffroi du village sonnait minuit. Les arbres du parc n'étaient pas des ifs, et les enfants peureux ne venaient pas guetter à travers les haies des formes blanches à la nuit tombante. Je n'arrivai pas dans une hôtellerie où toutes les chambres étaient retenues. L'aubergiste ne se gratta pas longtemps la tête, une chandelle à la main, et ne finit pas par me proposer en hésitant de me dresser un lit dans la salle basse du donjon. Il n'ajouta pas d'une mine effarée que de tous les voyageurs qui y avaient couché aucun n'était revenu pour raconter sa fin terrible. Il ne me parla pas des bruits diaboliques qu'on entendait la nuit dans le vieux manoir. Je n'éprouvai pas un sentiment intime de bravoure qui me poussait à tenter l'aventure. Et je n'eus pas l'idée ingénieuse de me munir d'une paire de flambeaux et d'un pistolet à pierre ; je ne pris pas non plus la ferme résolution de veiller jusqu'à minuit en lisant un volume dépareillé de Swedenborg, et je ne sentis pas vers minuit moins trois un sommeil de plomb s'abattre sur mes paupières.

Non, rien ne survint de ce qui arrive toujours dans ces terrifiantes histoires de maisons hantées. Je débarquai du chemin de fer à l'hôtel des *Trois Pigeons*; j'avais très bon appétit et je dévorai trois tranches de rôti, du poulet sauté avec une excellente salade; je bus une bouteille de bordeaux. Après, je pris ma bougie et je montai dans ma chambre. Ma bougie ne s'éteignit pas, et je trouvai mon grog sur la cheminée sans qu'aucun fantôme y eût trempé ses lèvres spectrales.

Mais lorsque je fus sur le point de me coucher, et que j'allai prendre mon verre de grog pour le mettre sur ma table de nuit, je fus un peu surpris de trouver Tom Bobbins au coin du feu. Il me parut très maigri ; il avait gardé son chapeau haut-de-forme et portait une redingote très convenable ; mais les jambes de son pantalon flottaient d'une manière extrêmement disgracieuse. Je ne l'avais pas vu depuis plus d'un an ; de sorte que j'allai lui tendre la main en lui disant : « Comment vas-tu, Tom ? » avec beaucoup d'intérêt. Il allongea sa manche et me donna à serrer quelque chose que je pris d'abord pour un casse-noisettes ; et comme j'allais lui exprimer mon mécontentement de cette stupide farce, il tourna sa figure de mon côté, et je vis que son chapeau était planté sur un crâne dénudé. Je fus d'autant plus étonné de lui trouver une tête de mort que je l'avais positivement reconnu à sa façon de *cligner de l'œil gauche*. Je me demandais quelle terrible maladie avait pu le défigurer à ce point ; il n'avait plus un cheveu vaillant ; ses orbites étaient diablement creux, et ce qui lui restait de nez ne valait pas la peine d'en parler. Vraiment, j'éprouvais une sorte d'embarras à l'interroger. Mais il se mit à causer familièrement, et me demanda les derniers cours du Stock-Exchange. Après quoi il exprima sa surprise de n'avoir pas reçu ma carte en réponse à sa lettre de faire-part. Je lui dis que je n'avais pas reçu de lettre — mais il m'assura qu'il m'avait inscrit sur sa liste et qu'il avait passé tout exprès chez l'entrepreneur des Pompes Funèbres.

Je m'aperçus alors que je parlais au squelette de Tom Bobbins. Je ne me précipitai pas à ses genoux, et je ne m'exclamai pas : « Arrière, fantôme, qui que tu sois, âme troublée dans ton repos, expiant sans doute quelque crime commis sur la terre, ne viens point me hanter! » — Non, mais j'examinai mon pauvre ami Bobbins de plus près, et je vis qu'il était bien décati; il avait surtout un air mélancolique qui me touchait au cœur; et sa voix ressemblait à s'y méprendre au sifflement triste d'une pipe qui jute. Je crus le réconforter en lui offrant un cigare ; mais il s'excusa sur le mauvais état de ses dents qui souffraient extrêmement de l'humidité de son caveau. Je m'informai naturellement avec sollicitude de sa bière; et il me répondit qu'elle était de fort bon sapin — mais qu'il y avait un petit vent coulis qui était en train de lui donner un rhumatisme dans le cou. Je l'engageai à porter de la flanelle et je lui promis que ma femme lui enverrait un gilet tricoté.

L'instant d'après Tom Bobbins le squelette, et moi, nous avions posé nos pieds sur la tablette de la cheminée et nous causions le plus confortablement du monde. La seule chose qui m'offusquât était que Tom Bobbins persistait à cligner de l'œil gauche, bien qu'il n'eût plus aucune espèce d'œil. Mais je me rassurai en me rappelant que mon autre ami Colliwobles, le banquier, avait coutume de donner sa parole d'honneur, bien qu'il n'en eût pas plus que Bobbins d'œil gauche.

Après quelques minutes, Tom Bobbins commença une sorte de soliloque en regardant le feu. Il dit : « Je ne connais pas une race plus méprisée que nous autres pauvres squelettes. Les fabricants de cercueils nous logent abominablement mal. On nous habille juste avec ce que nous avons de plus léger, un habit de noces ou de soirée : j'ai été obligé d'aller emprunter ce complet à mon huissier. Et puis il y a un tas de poëtes et autres farceurs qui parlent de notre pouvoir surnaturel et de notre manière fantastique de planer dans les airs et des sabbats auxquels nous nous livrons dans les nuits de tempête. J'avais envie une fois de prendre mon fémur et de faire craquer un peu la tête de l'un d'eux pour lui donner une idée de son sabbat. Sans compter qu'il nous font traîner des chaînes qui cliquètent avec un bruit infernal. Je voudrais bien savoir comment le gardien du cimetière nous laisserait sortir avec cet attirail. Alors, on vient nous chercher dans les vieux taudis, dans les repaires à hiboux, dans les trous bouchés d'orties et de ravenelles, et on va chanter partout les histoires des fantômes qui effrayent le pauvre monde et poussent des cris de damnés. Je ne vois vraiment pas ce que nous avons de terrifiant. Nous sommes seulement très dégarnis et nous ne pouvons plus donner d'ordres à la Bourse. Si on nous habillait convenablement, nous pourrions encore représenter avec avantage dans le monde. J'ai vu des hommes encore plus déplumés que moi faire de jolies conquêtes. Tandis qu'avec nos logements et nos tailleurs nous ne réussissons certainement pas si bien. » — Et Tom Bobbins regarda un de ses tibias d'un air découragé.

Alors je me pris à pleurer sur le sort de ces pauvres vieux squelettes. Et je me figurai toutes leurs souffrances quand ils moisissaient dans des boîtes clouées et que leurs jambes languissaient après une *scottish* ou un cotillon. Et je fis cadeau à Bobbins d'une paire de vieux gants fourrés et d'un gilet à fleurs qui m'était justement trop étroit.

Il me remercia froidement, et je remarquai qu'il devenait vicieux à mesure qu'il se réchauffait. En un moment je reconnus tout à fait Tom Bobbins. Et nous éclatâmes du plus joli rire de squelettes qu'il fût possible. Les os de Bobbins tintaient comme des grelots d'une manière extrêmement réjouissante. Dans cette hilarité excessive je remarquai qu'il redevenait humain, et je commençai à avoir peur. Tom Bobbins n'avait pas son pareil pour vous coller une liasse d'actions pour une exploitation des Mines de Guano Colorié de Rostocostolados quand il était en vie. Et une demi-douzaine de semblables actions n'éprouvaient aucune difficulté à manger votre revenu. Il avait aussi une manière de vous engager dans une honnête partie de piquet et de vous plumer au rubicon. Il vous soulageait de vos louis au *poker* avec une grâce facile et élégante. Si vous n'étiez pas content, il vous tirait volontiers le nez et procédait ensuite à votre découpage progressif au moyen de son *bowie-knife*.

J'observai donc ce phénomène étrange et contraire à toutes ces pâles histoires de fantômes, que j'avais peur de voir Tom Bobbins, le squelette, redevenir vivant. Parce que je me souvenais d'avoir été mis dedans un couple de fois. Et parce que mon ami Tom Bobbins de l'ancien temps était d'une remarquable dextérité dans la joûte au couteau. Parce qu'en fait, dans un moment de distraction, il m'avait taillé une aiguillette dans le revers de ma cuisse droite. Et lorsque je vis que Tom Bobbins était Tom Bobbins, et n'avait plus du tout l'air d'un squelette, mon pouls se mit à battre si vite qu'il n'y eut plus qu'un battement; une horripilation générale me saisit, et je n'eus plus le courage de dire un mot.

Tom Bobbins planta son *bowie-knife* dans la table, suivant son habitude, et me proposa une partie d'écarté. J'acquiesçai humblement à ses désirs. Il se mit à jouer avec une veine de pendu. Je ne crois pourtant pas que Tom ait jamais gigotté à une potence, parce qu'il était trop malin pour ça. Et à l'envers des effroyables récits de spectres, l'or que je gagnai à Tom Bobbins ne se changea pas en feuilles de chêne ni en charbons éteints, parce que justement je ne lui gagnai rien du tout et qu'il me râfla ce que j'avais en poche. Après, il commença à jurer comme un damné; il me raconta des histoires épouvantables et corrompit tout ce qui me restait d'innocence. Il étendit la main vers mon grog et l'avala jusqu'à la dernière goutte; je n'osai pas faire un geste pour le retenir. Parce que je savais que j'aurais eu le moment d'après son couteau dans le ventre; et je ne pouvais pas le prévenir, puisque justement il n'avait pas de ventre. Ensuite il me demanda des nouvelles de ma femme avec une mine terriblement vicieuse, et j'eus un instant l'envie d'enfoncer ce qu'il avait encore de nez. Je réfrénai ce déplorable instinct; mais je résolus intérieurement que ma femme ne lui enverrait pas de gilet tricoté. Puis il prit ma correspondance dans les poches de mon pardessus et se mit à lire les lettres de mes amis, avec diverses remarques ironiques et désobligeantes. Réellement, Tom Bobbins le squelette était très supportable; mais, bonté divine, Bobbins en chair et en os était tout à fait terrifiant.

Quand il eut terminé sa lecture, je lui fis doucement remarquer qu'il était quatre heures du matin, et je lui demandai s'il ne craignait pas d'arriver en retard. Il me répondit d'une manière absolument humaine que si le gardien du cimetière se permettait de lui dire la moindre des choses, « il lui ficherait une sacrée danse ». Puis il considéra ma montre d'une façon lubrique, cligna de l'œil gauche, me la demanda, et la mit tranquillement dans son gousset. Immédiatement après il dit qu'il avait « affaire en ville » et prit congé. Avant de s'en aller, il fourra deux chandeliers dans sa poche, dévissa froidement la pomme de ma canne et me demanda sans l'ombre d'un remords si je ne pourrais pas lui prêter un ou deux louis. Je lui répondis que je n'avais malheureusement plus rien sur moi, mais que je me ferais un plaisir de les lui envoyer. Il me donna son adresse; mais c'était un tel mélange de grilles, de tombes, de croix et de caveaux que je l'ai totalement oubliée. Là-dessus, il fit une tentative sur la pendule; mais tout de même la pendule était trop lourde pour lui. Lorsqu'il me fit part ensuite de son désir de s'en aller par la cheminée, je fus si heureux de le voir revenir à de vraies manières de squelette que je ne fis pas un mouvement pour le retenir. Je l'entendis gigotter et grimper par le tuyau avec une joyeuse tranquillité; seulement on mit sur ma note la quantité de suie que Tom Bobbins avait consommée dans son passage.

Je suis dégoûté de la société des squelettes. Ils ont quelque chose d'humain qui me répugne profondément. La prochaine fois que Tom Bobbins arrivera, j'aurai bu mon grog; je n'aurai pas un sou vaillant; j'éteindrai ma bougie et le feu. Peut-être reviendra-t-il aux véritables mœurs des fantômes, en secouant ses chaînes et en hurlant des imprécations sataniques. Alors nous verrons.

SUR LES DENTS

Hartford. Connecticut (U. S.), nov. 4/88.

My Dear Sir,

You seem to think me the author of the original of this singularly unpleasant production. But I assure you you have been deceived. I do commit crimes, but they are not of this grade.
Very truly yours,
S. L. CLEMENS (MARK TWAIN).

Je venais de terminer un excellent londrès et je retournais chez moi, quand je rencontrai un abominable être monté sur deux jambes en échasses, avec un « tuyau de poêle » interminable et un nœud de cravate furibond. Il se planta devant moi et regarda fixement ma bouche. Je rougis (car je suis naturellement modeste) et je voulus me détourner. Il tira de sa poche une petite glace enfermée dans un étui de cuir de Russie et me la tendit en hochant la tête. Je m'y inspectai, et, ne me trouvant rien d'insolite, je la lui rendis.

Il me dit : « Monsieur, vous ne savez pas à quoi vous vous exposez. Les deux incisives de votre mâchoire supérieure sont déjà piquées par une carie dentaire et vous êtes menacé d'une gingivite alvéolo-infectieuse.

Je le regardai d'un air incrédule : il ponctua ses paroles de la main.

Je voulus rire ; il scanda — gin-gi-vi-te al-vé-o-lo-in-fec-ti-eu-se.

Je demandai : « Comment dites-vous cela ? Gingembre alcali volatil ? »

Cet être saugrenu répéta le même baragouin.

Là-dessus, il me salua d'un air ironique et parut s'éloigner.

Nous avons toujours possédé d'excellentes dents de père en fils. J'ai un oncle maternel à Chicogo. En 1870, la compagnie où servait mon père assista à la bataille de Sédan. Il n'y eut qu'une blessure, et ce fut lui qui la reçut. Il mordit si heureusement une balle qui lui avait traversé la joue droite qu'il l'empêcha de trouer sa joue gauche et se la fit monter au cerveau par le voile du palais. Le chirurgien qui constata son décès dit qu'il aurait pu avoir les dents brisées de la manière la plus désastreuse.

Néanmoins, une sueur froide couvrit mon front et je tremblai pour mon appareil dentaire. Je retins l'inconnu par la manche. Il me considéra triomphalement, et dit : « Je reçois de deux à quatre, 12, rue Taitbout ».

Puis il s'enfuit avec la vélocité d'une araignée.

Je regardai ma montre ; il était deux heures moins un quart. Une inquiétude immense m'envahit. Je me souvins que l'éléphant du Jardin des Plantes avait perdu ses défenses grâce à une maladie analogue, et le rapport de dimension entre des défenses d'éléphant et une mâchoire humaine redoubla ma terreur. Je tâtai mes dents du bout de mes doigts, et il me parut qu'elles tremblaient dans les gencives. Alors, sans hésitation, je courus à mon malheur, 12, rue Taitbout.

Je lus sur une plaque de tôle peinte à la porte : M. Stéphane Winnicox, chirurgien-dentiste diplômé par l'École Dentaire.

Je me précipitai dans l'escalier et je sonnai avec frénésie. Stéphane Winnicox m'introduisit dans un cabinet éclairé par un jour blafard. Il m'inséra dans un fauteuil à crémaillère devant lequel il fit mouvoir rapidement un crachoir articulé. Puis il approcha une tablette couverte d'instruments d'acier qui étincelaient. Une odeur de caoutchouc, d'eau dentifrice et de phénol me prit à la gorge ; j'ouvris la bouche pour crier grâce, mais Winnicox avait été plus rapide que moi. J'avais un de ses doigts jaunes et noueux sous la langue et l'autre au fond du palais. Je constatai que l'éminent chirurgien-dentiste diplômé par l'École Dentaire avait mangé du saucisson à l'ail et qu'il possédait la déplorable habitude de tremper l'index de sa main gauche dans du jus de tabac. Je toussai pour attirer son attention ; il n'eut pas l'air de s'en apercevoir et dit :

— Vous avez les dents très sales. Vous avez besoin d'un nettoyage à fond. C'est de là que viennent vos caries. Je vous donnerai une douzaine de brosses à dents semi-circulaires système Winnicox et une poudre dentifrice au quinquina Reine de Saba. Vous ferez bien aussi de vous rincer la bouche avec de l'eau du docteur Pills. Mais il n'y a que la superfine de bonne. Je vous en donnerai un flacon de 32 fr. 75.

Remarquant l'agonie de mes muscles faciaux sous cette extraction de pièces, il continua :

— Vous souffrez, je le sais. Je vais vous examiner. Maintenant ma bouche ouverte avec un de ses doigts hideux, il prit de l'autre main une sorte de miroir monté sur manche avec lequel il me fourragea les dents environ une demi-heure.

Puis il me dit : « Vous avez une carie très profonde. Il était temps ; mais je vais pouvoir l'arranger. Ouvrez bien la bouche, monsieur. Bon. » — Il prit un crochet, et froidement, délibérément, se mit à creuser un trou dans ma dent. Ensuite il saisit un outil qui tournait avec la rapidité d'un volant de locomobile, et évida son trou. — « C'est une nouvelle invention qui vient d'Amérique, monsieur. Très commode. Nous opérons une quantité de personnes comme cela. On creuse une dent en un rien de temps. »

Quand mes pauvres dents furent creuses comme des tambours crevés, cet être blafard ouvrit un cahier de papier rouge entre les feuillets duquel brillaient des plaques d'or mince. Il retira ses doigts de ma bouche et dit : « Crachez, monsieur, voici la cuvette. »

Je crachai sur sa scélératesse.

Après, il me renversa de nouveau la tête sur son dossier mécanique, et reprit : « Ouvrez la bouche, monsieur. Très bien. Je vais procéder à l'aurification de la dent cariée. Nous ne plombons presque plus, monsieur. Nous nous servons de feuilles d'or. Nouvelle invention anglaise, monsieur. Très commode. (Il pétrissait une boulette d'or en parlant.) Je vais maintenant insensibiliser le nerf malade. Avec de la créosote. Très simple, monsieur. »

L'infernal Winnicox m'appliqua son mélange noir, et il me sembla qu'une machine à coudre Wheeler and Wilson fonctionnait dans mes gencives. Je voulus dire que je n'étais pas insensibilisé, que je sentais un mal épouvantable, que je lui défendais de continuer — mais cet être sanguinaire m'enfonça son poing dans la bouche et bourra sa préparation dans ma dent. Il saisit ensuite un instrument d'acier en forme de massue dont la vue me fit frissonner.

— Excellent instrument, dit-il. Invention d'un docteur allemand. C'est un maillet automatique. Tenez, monsieur, je vais le déclancher sur le bras du fauteuil. Voyez-vous, le coup est très sec. On aurifie admirablement avec cela. Ouvrez bien la bouche, monsieur.

Au premier coup de la machine infernale, les larmes me montèrent aux yeux. Je sentis que je n'aurais pas la force de résister. Je le lui criai. Il me répondit sans bouger : « Cela va être fini tout de suite, monsieur ». Cette mécanique me battait la mâchoire avec la régularité d'un marteau-pilon en faisant trembler tous les os de ma tête. Mon crâne cédait, mes dents éclataient. — Quand il eut fini, il retira ses doigts de ma bouche et dit : « Crachez, monsieur, voici la cuvette ».

Je rejetai, parmi des brins d'ouate et de la salive empestée par sa préparation, quelques fragments d'une substance blanche.

Il me dit : « Voulez-vous me permettre de regarder, monsieur ? » Il m'inspecta avec son miroir et déclara avec un sourire démoniaque : « La carie était trop profonde, monsieur; l'émail n'a pu résister, il s'est fendu ».

Je courus à la glace, le désespoir au cœur. Mes deux dents de devant avaient éclaté. Je lui dis : « Je vous avais prévenu. C'est la faute de votre maillet automatique. Je savais que cela arriverait. Pourquoi — oh ! — pourquoi ne m'avez-vous pas laissé ma gingembre... alcali volatil? Mes dents seraient tombées entières; j'aurais pu les conserver et me consoler en les regardant, me repaître de leur vue, pleurer sur la boîte où je les aurais ensevelies; tandis que vous les avez brisées en fragments innombrables. Qu'est-ce que je vais faire ?

Cet être hirsute me répondit : « Ce n'est rien, monsieur. Un petit coup de lime, et il n'y paraîtra plus.

Nous avons des instruments appropriés à toutes les dentitions. Si vous voulez prendre place, monsieur, ce sera l'affaire d'un moment. »

Je savais que ce démon tenait entre ses mains la vie de ma mâchoire ; je le savais, je n'eus pas la force de résister à ses instances. Sa politesse infernale émoussait ma colère. Je me rassis, et, pendant une heure, il lima mes pauvres dents découronnées. Et puis, avec un crochet, il ôta le tartre, et les déchaussa. Ensuite, il les polit avec une sorte de sable de vitrier. Après, il fourragea les jointures avec des espèces de ciseaux à froid. Il m'enfonça dans la langue un outil pointu, sous prétexte d'explorer les racines. Enfin, il entrechoqua tous les instruments, fourra dans ma bouche ses doigts méphitiques et ramena au bout d'une pince deux fragments microscopiques de feuilles de tabac. Il les promena sous mes yeux avec exultation et dit : « Voilà ce que j'avais pris pour une gingivite alvéolo-infectieuse. »

Alors, je me redressai de toute ma hauteur, et je lui crachai ces paroles à la figure : « Monsieur, vous êtes un être infect, saumâtre et marécageux. Je fumais innocemment un cigare ; vous avez troublé ma quiétude en me déclarant atteint d'une maladie dentaire. Ensuite, au lieu de me laisser en proie à cette gingembre... comment... alcali volatil qui, peut-être m'eut emporté bien doucement, vous avez percé, broyé, poli, tourné, fendu, crispé, ratissé, raboté, tarabusté, démantibulé la mâchoire que m'avaient léguée mes pères. Enfin au lieu de m'abandonner à la calme consolation de cette gingembre... comment... alcali volatil, qui du moins eût pu servir d'explication à ma famille et à mes amis, vous m'apprenez avez une allégresse diabolique que je n'en ai jamais été atteint. Et maintenant je suis impropre à tous les usages domestiques, les deux moitiés de ma mâchoires ne se rejoignent plus ; elles débordent tristement l'une sur l'autre ; un tuyau de pipe n'y résisterait pas et je ne pourrai plus chiquer de ma vie. Toutes mes joies sont détruites ! »

Cet être gélatineux affecta le plus profond sang-froid, tira sa montre et expectora ces mots : « Vous êtes resté quatre heures ; mes honoraires sont de deux cents francs ».

Je sentis que l'insulte avec dépassé les bornes. Je saisis le « maillet automatique », et je me précipitai sur lui pour le « lyncher ». Je voulais lui briser chaque dent mâchelière de sa mâchoire démoniaque. Mais je ne ramenai au bout de l'instrument qu'un double râtelier, qui frappa le parquet avec un claquement. C'est alors que j'éprouvai dans toute son horreur le dédain de son sourire. Je me contentai de lui jeter un regard de défi, et je sortis.

Je comprends maintenant pourquoi les perruquiers sont chauves, pourquoi les barbiers sont toujours glabres et pourquoi les musiciens qui ont infligé à nos oreilles les tortures les plus raffinées jouissent d'une surdité précoce. J'attribue à un calcul infernal ce qui me semblait être une sage prévoyance de la nature. Ils sont comme ça pour que les clients ne puissent pas se revenger.

Mais Stéphane Winnicox, je le tiens. L'état de mon orifice buccal ne me permet plus de vivre au milieu d'une société civilisée. Je suis décidé à planter mon « wigwam » parmi les tribus sauvages des Indiens Sioux. Et à la première insurrection, nous exécuterons une danse de guerre, nous ferons une descente en Europe, je brandirai mon tomahawk autour de la tête de Stéphane Winnicox, et je le scalperai. Cependant, je veux encore réfléchir : cet être ténébreux pourrait devenir coiffeur.

L'HOMME GRAS

PARABOLE

Assis dans un fauteuil de cuir souple, l'homme gras examinait sa chambre avec joie. Il était vraiment gras, ayant au cou un épais collier, la poitrine bardée, le ventre couvert ; ses bras semblaient noués aux articulations comme des saucisses et ses mains se posaient sur ses genoux comme de grosses cailles plumées, rondes et blanches. Ses pieds étaient des miracles de pesanteur, ses jambes des fûts de colonne et ses cuisses des chapiteaux de chair. Il avait la peau luisante et grenue comme de la couenne ; ses yeux bouffaient de graisse et son quadruple menton étayait solidement sa face débordante.

Et tout, autour de lui, était solide, rond et gras ; a table de chêne massif, aux larges pieds, fortement assise, polie sur les bords; les vieux fauteuils avec leur dos ovale, leur siège renflé et leurs gros clous sphériques; les tabourets accroupis par terre comme des crapauds gras, et les tapis lourds, à longue laine emmêlée. La pendule s'épatait sur la cheminée; les trous de clef s'ouvraient comme des yeux dans son cadran convexe; le verre qui l'emboîtait se gonflait comme le hublot du casque d'un scaphandre; les flambeaux paraissaient les branches d'un arbre en cuivre noueux, et les chandelles y pleuraient du suif. Le lit s'enflait comme un ventre rembourré; les bûches qui brûlaient dans le feu faisaient craquer leur écorce, dodues et pétillantes; les carafons du buffet étaient trapus, les verres avaient des bosses; les bouteilles, un nœud puissant au goulot, à demi pleines de vin, étaient encastrées dans leurs cercles de feutre comme des bombes vermeilles de verre. Et par-dessus tout il y avait dans cette grosse chambre ventrue, joyeuse et chaude, un homme gras, riant largement, ouvrant une bouche aux lippes saines, fumant et buvant.

La porte en ogive, fermée à bon bouton, qui emplissait bien la main, donnait sur la cuisine, où cet homme passait le meilleur temps de sa vie. Car il rôdait dès le matin parmi les casseroles, trempant du pain dans les sauces, torchant les lèche-frites avec un bout de mie, humant des bols pleins de bouillon; et il plongeait dans les marmites une cuiller en bois qui dégouttait, pour comparer ses ragoûts, cependant que le feu ronflait sous la tôle. Puis, ouvrant la petite porte de la fournaise, il laissait entrer la lumière rouge qui s'épandait sur sa chair. Ainsi, dans le crépuscule, il avait l'air d'une énorme lanterne dont sa figure était la vitre, éclairée par le sang et la braise.

Et dans la cuisine, l'homme gras avait une nièce potelée, blanche et rose, qui brassait les légumes avec ses manches relevées, une nièce souriante, pleine de fossettes, dont les petits yeux sautaient à force de bonne humeur, une nièce qui lui tapait sur les doigts quand il les trempait dans le plat, qui lui envoyait les crêpes chaudes sur la figure quand il voulait retourner la poêle, et qui lui faisait mille bonnes petites choses sucrées, dorées, mijotées à point, avec des croûtons réjouissants.

Sous la grande table de bois blanc dormait un chat, panse pleine, dont la queue était grasse comme celle d'un mouton d'Asie, et le caniche, appuyé contre la briquetterie du fourneau, clignait des yeux à la chaleur, laissant pendre les gros plis de sa peau tondue.

Dans sa chambre, l'homme gras regardait voluptueusement un gobelet de verre, où il venait de verser doucement du vin de Constance 1811, quand la porte de la rue tourna sans bruit. Et l'homme gras fut si surpris qu'il ouvrit la bouche et resta immobile, la lèvre inférieure baissée. Il y avait devant lui un homme maigre, noir, long, dont le nez était mince et la bouche rentrée; ses pommettes étaient pointues, sa tête osseuse, et, chaque fois qu'il faisait un geste, on croyait voir sortir des esquilles de ses manches ou de son pantalon. Ses yeux étaient caves et mornes, ses doigts semblaient des fils de fer, et sa mine était si grave qu'on devenait triste à le regarder. Il portait à la main un étui à lunettes et il chaussait de temps en temps des verres bleus, en parlant. Dans toute sa personne, la voix seule était onctueuse et attachante, et il s'exprimait avec tant de douceur que les larmes vinrent aux yeux de l'homme gras.

— Ho, Marie, cria-t-il, nous avons monsieur à dîner. Vite en route, mets la table; voici la clef du linge; cherche une nappe, prends des serviettes; fais monter du vin — celui de gauche, les bouteilles du fond — peut-être aimez-vous le bourgogne, monsieur? — Ho, Marie, tu apporteras du Nuits; veille à la poularde — celle de l'autre jour était une idée trop cuite. Monsieur, un doigt de ce Constance. Vous devez avoir faim, nous dînons trop tard. Marie, presse-toi, monsieur meurt de faim. As-tu mis le rôti? Il faut tailler la soupe. N'oublie pas les petits verres. Et le thym, y as-tu pensé? J'étais sûr. Mets un bouquet tout de suite. Et ce monsieur qui aime peut-être le poisson : justement nous n'en avons pas. Excusez-moi, monsieur. Dépêche-toi, Marie, décante ce vin, pousse ces chaises, avance la soupière, passe le beurre, dégraisse cette sauce, donne le pain. Cette soupe est délicieuse, n'est-ce pas? Il fait bon vivre. Prenez-vous de ce sucre avec vos crevettes? C'est excellent.

— Savez-vous ce que c'est que le sucre? dit l'homme maigre, d'une voix placide.

— Oui, répondit l'homme gras, surpris, et laissant tomber de nouveau sa lèvre de dessous, en s'arrêtant, la cuiller à la bouche. « C'est-à-dire non, — j'en mange avec certains plats — le sucre m'est égal. C'est bon, le sucre. Qu'est-ce que vous avez à dire du sucre? »

— Mon Dieu, rien, dit l'homme maigre, ou presque rien. Vous savez bien que vous absorbez de la saccharose, ou sucre de canne; et vous tirez des féculents et des matières hydro-carburées d'autre sucre que vous transformez en sucre animal, sucre interverti ou glycose...

— Et que voulez-vous que cela me fasse? dit l'homme gras, en riant. Saccharose ou glycose, le sucre est bon. J'aime les plats sucrés.

— D'accord, dit l'homme maigre, mais si vous fabriquez trop de glycose, vous aurez le diabète, cher ami. Bien vivre donne le diabète; je ne serais pas étonné que vous en eussiez quelques traces. Prenez garde, en aiguisant ce couteau.

— Et pourquoi? dit l'homme gras.

— Mon Dieu, reprit l'homme maigre, pour cette simple raison : c'est que vous avez probablement le diabète, et que si vous vous coupez ou si vous vous piquez, vous allez courir un grand danger.

— Grand danger! dit l'homme gras. Bah, quelles inventions ! Buvons et mangeons. — Et quel danger donc?

— Oh, reprit l'homme maigre, la plupart du temps toutes les réserves nutritives s'éliminent avec le trop-plein de la glycose; on ne peut plus se refaire de tissu ; la plaie ne se cicatrise pas et on a la gangrène. Cela décompose la main (l'homme gras laissa tomber sa fourchette), puis le bras se pourrit (l'homme gras resta sans manger), et ensuite le reste y passe (on vit sur la figure de l'homme gras l'expression d'un sentiment qui n'y avait jamais paru, et qui était l'effroi).
— Hélas! reprit l'homme maigre, qu'il y a de maux dans la vie!

L'homme gras réfléchit un moment, la tête basse; puis il dit tristement : « Vous êtes médecin, monsieur? — Oui, pour votre service, docteur en médecine, oui; je demeure place Saint-Sulpice et j'étais venu... — Monsieur, interrompit l'homme gras, d'un ton suppliant, vous pouvez m'empêcher d'avoir le diabète ? — Nous pouvons essayer, cher monsieur, dit l'homme maigre, pourvu que Dieu nous aide. »

La figure de l'homme gras s'enfla de nouveau, sa bouche s'épanouit : « Touchez-là, dit-il, et soyez mon ami. Vous demeurerez avec moi; nous ferons ce qu'il faudra et vous ne vous plaindrez de rien.

— Soit, dit l'homme maigre, et je réglerai votre vie.

— Entendu, repartit l'homme gras. Allons manger

de la poularde. — « Permettez, s'écria l'homme maigre. De la poularde! Il ne vous en faut point. Faites-vous faire un œuf avec du thé, une once de pain grillé. » La désolation couvrit le visage de l'homme gras. « Seigneur, et qui mangera la poularde? » pleura la pauvre Marie. — Alors l'homme gras dit à l'homme maigre, avec un sanglot dans la voix : « Docteur, mangez, je vous en prie ».

Dès lors, ce fut l'homme maigre qui régna. Il y eut un amincissement progressif des choses; les meubles s'allongèrent et furent anguleux; les tabourets grincèrent sous les pieds; le parquet ciré sentit la vieille cire; les rideaux devinrent flasques et se moisirent; les bûches eurent l'air de grelotter; les poêles de la cuisine se rouillèrent; les casseroles pendues se piquèrent de vert-de-gris. Le fourneau ne chanta plus, ni le joyeux pot-au-feu; on entendait parfois tomber quelque charbon éteint sur un lit de vieille cendre. Le chat fut maigre et galeux; il miaulait la désolation. Le chien, devenu hargneux, creva un jour les carreaux, de son échine osseuse, en fuyant avec un morceau de morue.

Et l'homme gras suivit la pente de sa maison. Peu à peu sa graisse s'amassa dans des dépôts jaunes, sous sa chair; sa gorge faisait peine à voir et il avait le cou ridé comme un dindon; sa figure était couverte de plis entrelacés, et la peau de son ventre flottait comme un gilet à jabot. Sa charpente osseuse, qui avait poussé à proportion, se balançait sur deux bâtons minces qui avaient été des cuisses et des jambes. Il lui pendait des lambeaux le long des mollets. Et il était poursuivi par la crainte du diabète et de la mort. L'homme maigre lui représentait le danger, plus cruel de jour en jour, et qu'il fallait penser à son âme. Et le pauvre homme gras soignait son diabète et son âme.

Mais il pleurait sur sa joie passée, sur sa nièce Marie qui avait maintenant une figure de cire et de petits os menus. Un jour qu'il présentait au feu les misérables tiges tremblotantes qui avaient été ses doigts, affaissé sur une chaise de bois dur, un petit livre relié de cuir sur ses genoux pointus, Marie lui passa la main sur le bras et murmura à son oreille : « Mon oncle, voyez donc votre ami : il engraisse ! »

Au milieu de cette désolation, l'homme maigre se remplissait graduellement. Sa peau se gonflait et devenait rosée. Ses doigts commençaient à tourner. Et son air de douce satisfaction allait toujours croissant.

Alors l'homme qui avait été gras souleva piteusement la nappe de peau qui pendait sur ses genoux, — et la laissa retomber.

LE CONTE DES ŒUFS

POUR PASSER PLAISAMMENT LES QUARANTE JOURS DU CARÊME DEPUIS LE MERCREDI DES CENDRES JUSQU'AU DIMANCHE DE PAQUES.

Il était une fois un bon petit roi (n'en cherchez plus — l'espèce est perdue) qui laissait son peuple vivre à sa guise : il croyait que c'était un bon moyen de le rendre heureux. Et lui-même vivait à la sienne, pieux, débonnaire, n'écoutant jamais ses ministres, puisqu'il n'en avait pas, et tenant conseil seulement avec son cuisinier, homme d'un grand mérite, et avec un vieux magicien qui lui tirait les cartes pour le désennuyer. Il mangeait peu, mais bien; ses sujets faisaient de même; rien ne troublait leur sérénité; chacun était libre de couper son blé en herbe, de le laisser mûrir, ou de garder le grain pour les prochaines semailles. C'était vraiment là un roi philosophe, qui faisait de la philosophie sans le savoir; et ce qui montre bien qu'il était sage sans avoir appris la sagesse, c'est le cas très merveilleux où il pensa se perdre, et son peuple avec lui, pour avoir voulu s'instruire dans les saines maximes.

Il advint qu'une année, vers la fin du carême, ce bon roi fit venir son maître d'hôtel, qui avait nom Fripesaulcetus ou quelque chose d'approchant, afin de le consulter sur une grave question. Il s'agissait de savoir ce que Sa Majesté mangerait le dimanche de Pâques.

— Sire, dit le ministre de l'intérieur du monarque, vous ne pouvez faire autrement que de manger des œufs.

Or les évêques de ce temps-là avaient meilleur estomac que ceux d'aujourd'hui, en sorte que le carême était fort sévère dans tous les diocèses du royaume. Le bon roi n'avait donc guère mangé que des œufs pendant quarante jours. Il fit la moue et dit : « J'aimerais mieux autre chose ».

— Mais, sire, dit le cuisinier, qui était bachelier ès lettres, les œufs sont un manger divin. Savez-vous bien qu'un œuf contient la substance d'une vie tout entière ? Les Latins croyaient même que c'était le résumé du monde. Ils ne remontaient jamais au déluge — mais ils parlaient de reprendre les choses à l'œuf, *ab ovo*. Les Grecs disaient que l'univers naquit d'un œuf pondu par la Nuit aux ailes noires;

et Minerve sortit tout armée du crâne de Jupiter, à la façon d'un poulet qui crèverait à coups de bec la coquille d'un œuf trop avancé. Je me suis souvent demandé, pour ma part, si notre terre n'était pas tout simplement un gros œuf, dont nous habitons la coque ; voyez combien cette théorie s'accommoderait avec les données de la science moderne : le jaune de cet œuf gigantesque ne serait autre que le feu central, la vie du globe.

— Je me moque de la science moderne, dit le roi ; mais je voudrais varier mes repas.

— Sire, dit le ministre Fripesaulcetus, rien n'est plus facile. Il est nécessaire que vous mangiez des œufs à Pâques ; c'est une manière de symboliser la résurrection de Notre-Seigneur. — Mais nous savons dorer la pilule. Les voulez-vous durs, brouillés, en salade, en omelette au rhum, aux truffes, aux croûtons, aux fines herbes, aux pointes d'asperges, aux haricots verts, aux confitures, à la coque, à l'étouffée, cuits sous la cendre, pochés, mollets, battus, à la neige, à la sauce blanche, sur le plat, en mayonnaise, chaperonnés, farcis ? voulez-vous des œufs de poule, de canard, de faisan, d'ortolan, de pintade, de dindon, de tortue ? désirez-vous des œufs de poisson, du caviar à l'huile, avec une vinaigrette ? faut-il commander un œuf d'autruche (c'est un repas de sultan) ou de roc (c'est un festin de génie des *Mille et une Nuits*), ou bien tout simplement de bons petits œufs frits à la poêle, ou en gâteau avec une croûte dorée, hachés menu avec du persil et de la ciboule, ou liés avec de succulents épinards? aimerez-vous mieux les humer crus, tout tièdes? — ou enfin daignerez-vous goûter un sublimé nouveau de ma composition où les œufs ont si bon goût, qu'on ne les reconnaît plus, — c'est d'un délicat, d'un éthéré, — une vraie dentelle...

— Rien, rien, dit le roi. Il me semble que vous m'avez dit là, si je ne me trompe, quarante manières d'accommoder les œufs. Mais je les connais, mon cher Fripesaulcetus — vous me les avez fait goûter pendant tout le carême. Trouvez-moi autre chose. Le ministre, désolé, voyant que les affaires de l'intérieur allaient si mal, se frappa le front pour chercher une idée — mais ne trouva rien.

Alors le roi, maussade, fit appeler son magicien. Le nom de ce savant était Nébuloniste, si j'ai bonne mémoire; mais le nom ne fait rien à l'affaire. C'était un élève des mages de la Perse; il avait digéré tous les préceptes de Zoroastre et de Chakyâmouni, il était remonté au berceau de toutes les religions et s'était pénétré de la morale suprême des gymnosophistes. Mais il ne servait ordinairement au roi qu'à lui tirer les cartes.

— Sire, dit Nébuloniste, il ne faut faire apprêter vos œufs d'aucune des manières qu'on vous a dites; mais vous pouvez les faire couver.

— Pardieu, répondit le roi, voilà une bonne idée : au moins je n'en mangerai pas. Mais je ne vois pas bien pourquoi.

— Grand roi, dit Nébuloniste, permettez-moi de vous conter un apologue.

— A merveille, répondit le monarque, j'adore les histoires, mais je les aime claires. Si je ne comprends pas, puisque tu es magicien, tu me l'expliqueras. Commence donc.

— Un roi du Nepaul, dit Nébuloniste, avait trois filles. La première était belle comme un ange; la seconde avait de l'esprit comme un démon; mais la troisième possédait la vraie sagesse. Un jour qu'elles allaient au marché pour s'acheter des cachemires, elles quittèrent la grande route et prirent un chemin de traverse par les rizières qui tapissaient les rives du fleuve.

« Le soleil passait obliquement entre les épis penchés et les moustiques dansaient une ronde parmi ses rayons. A d'autres endroits les hautes herbes entrelacées formaient des bosquets où flottait une ombre délicieuse. Les trois princesses ne purent résister au plaisir de se nicher dans l'un d'eux : elles s'y blottirent, causèrent quelque temps en riant, et finirent par s'endormir toutes trois, lassées par la chaleur. Comme elles étaient de sang royal, les crocodiles qui prenaient le frais au ras de l'eau, sous les glaives ondulés des épis trempés dans la rivière, n'eurent garde de les déranger. Ils venaient seulement les regarder de temps en temps et avançaient leur mufle de corne brune pour les voir dormir. Tout à coup ils replongèrent sous l'eau bleue, avec un grand clapotement, ce qui réveilla les trois sœurs en sursaut.

« Elles aperçurent alors devant elles une petite vieille ratatinée, toute ridée, toute cassée, qui trottinait en sautillant, appuyée sur une canne à béquille. Elle portait un panier couvert d'une toile blanche. — « Princesses, dit-elle d'une voix chevrotante, je suis venue pour vous faire un cadeau. Voici trois œufs entièrement semblables; ils contiennent le bonheur qui vous est réservé dans votre vie; chacun d'eux en renferme une égale quantité; le difficile, c'est de le tirer de là. »

« Disant ces mots, elle découvrit son panier, et les trois princesses virent en se penchant trois grands œufs d'une blancheur immaculée, reposant sur un lit de foin parfumé. Quand elles relevèrent la tête, la vieille avait disparu.

« Elles n'étaient pas fort surprises; car l'Inde est un pays de sortilèges. Chacune prit donc son œuf et s'en revint au palais en le portant soigneusement dans le pan relevé de son voile, rêvant à ce qu'il en fallait faire.

« La première s'en alla droit à la cuisine, où elle prit une casserole d'argent. « Car, se disait-elle, je ne puis rien faire de mieux que de manger mon œuf. Il doit être excellent. » Elle le prépara donc suivant une recette indoue et le savoura au fond de son appartement. Ce moment fut exquis; elle n'avait rien goûté d'aussi divinement bon; jamais elle ne l'oublia.

« La seconde prit dans ses cheveux une longue épingle d'or dont elle perça deux petits trous aux deux bouts de l'œuf. Puis elle y souffla si bien qu'elle le vida et le suspendit à une cordelette de soie. Le soleil passait à travers la coque transparente, qu'il irisait de ses sept couleurs; c'était un scintillement, un chatoiement continuels; à chaque seconde la coloration changeait et on avait devant les yeux un nouveau spectacle. La princesse se perdit dans cette contemplation et y trouva une joie profonde.

« Mais la troisième se souvint qu'elle avait une poule de faisan qui couvait justement. Elle fut à la basse-cour glisser doucement son œuf parmi les autres; et, le nombre de jours voulu s'étant écoulé, il en sortit un oiseau extraordinaire, coiffé d'une huppe gigantesque, aux ailes bariolées, à la queue parsemée de taches étincelantes. Il ne tarda pas à pondre des œufs semblables à celui d'où il était né. La sage princesse avait ainsi multiplié ses plaisirs, parce qu'elle avait su attendre.

« La vieille n'avait d'ailleurs pas menti. L'aînée des trois sœurs s'éprit d'un prince beau comme le jour, et l'épousa. Il mourut bientôt; mais elle se contenta d'avoir trouvé dans cette vie un moment de bonheur.

« La puînée chercha ses plaisirs dans les beaux-arts et les travaux de la pensée. Elle composa des poèmes et sculpta des statues; son bonheur était ainsi continuellement devant elle, et elle put en jouir jusqu'au jour de sa mort.

« La cadette fut une sainte qui sacrifia toutes les distractions de cette vie aux joies du Paradis. Elle ne réalisa aucune de ses espérances dans ce monde passager afin de les laisser éclore dans l'existence future, qui est, comme vous le savez, éternelle. »

Là-dessus Nébuloniste se tut. Le roi, pensif, réfléchit longtemps. Puis sa figure s'éclaira, et il s'écria d'un ton joyeux :

— Voilà qui est merveilleux ; mais, ce qu'il y a de plus étonnant, c'est que j'ai compris du premier coup. Cela veut dire qu'il faut mettre couver mes œufs.

Le grand magicien s'inclina devant la sagacité du roi, et tous les courtisans battirent des mains. Les gazettes ne manquèrent pas de vanter l'esprit de Sa Majesté qui avait ainsi démêlé la morale d'un profond apologue.

La conséquence fut que le bon roi ne voulut pas être le seul heureux. Il s'enferma pendant trois heures et élucubra le premier décret de son règne. De par tout le royaume il était désormais interdit de manger des œufs. On les ferait couver. Le bonheur des sujets serait assuré inévitablement de cette manière. Des peines sévères sanctionnaient l'exécution de la loi.

Le premier inconvénient du nouveau régime fut que le roi, occupé contre son habitude des affaires du royaume, en perdit la tête et oublia de commander son déjeuner pour le dimanche de Pâques. Il le regretta bien ce jour-là.

Puis il y eut aussitôt des hommes politiques pour commenter le décret. L'apologue de Nébuloniste s'était répandu par les journaux et l'on vit dans la loi du prince un mythe ingénieux qui commandait aux hommés de vivre en cénobites. Le pauvre roi se trouva ainsi avoir établi, sans le savoir, une religion d'État.

Ce furent alors de grandes querelles dans le royaume. Beaucoup d'hommes préfèrent trouver leur bonheur dans ce monde que dans l'autre ; ceux-là firent la guerre à ceux qui voulaient faire couver leurs œufs. Le pays fut ensanglanté, et le bon roi s'arrachait les cheveux.

Son cuisinier le tira de peine bien ingénieusement et prit du coup sa revanche sur le magicien. Il lui conseilla de faire couver tous ses œufs, puisqu'il ne voulait pas les manger, — mais de laisser ses sujets, comme auparavant, libres de ne pas être heureux. Tout joyeux de cette solution, le roi décora son ministre et révoqua son unique décret.

Mais les couveurs d'œufs ne furent point contents. Comme ils ne pouvaient plus faire des prosélytes de par la loi, ils émigrèrent du royaume, où on ne les laissa jamais rentrer. Ils parcoururent alors l'univers entier, où, depuis, ils ont forcé bien des gens à être heureux dans l'autre monde. Quant au roi, il finit par s'ennuyer de sa nouvelle vie ; il prit exemple sur ses sujets, et le malin Fripesaulcetus acheva de le déconvertir en lui servant, l'année suivante, des œufs accommodés à la quarante-et-unième manière pour terminer le carême — des œufs rouges.

LE DOM

Sachuli, le fou d'un Maharajah qui vivait sous le règne de Vikrâmaditja, lui dit un jour : « Maître, comment considères-tu la vie ? »

— Quelle question me fais-tu ? répondit le Rajah. La vie est un don des dieux ; il ne nous appartient pas de l'apprécier. Ils nous la distribuent et la retirent à leur gré ; chacun est content de la sienne ; et je loue les divinités de me permettre de vivre pour faire le bien.

— Penses-tu que chaque homme, même de la caste la plus basse, puisse être satisfait de la vie et accomplir le bien ? dit le fou.

— Certes, reprit le Maharajah, s'il est pieux et reconnaissant envers les dieux.

— Fort bien, répondit Sachuli, tu es l'incarnation des sept vertus.

Le Maharajah était extraordinairement pieux. Il avait un respect considérable pour les Voyants sacrés. Il ne faisait pas rouler son char dans les forêts des ermites et ne tuait pas, à la chasse, leurs antilopes favorites. Il protégeait les fakirs parmi son peuple, et lorsqu'il les rencontrait sur la route, enveloppés de boue et d'ordure, couverts de l'herbe qui poussait sur leur peau depuis douze années, il les lavait dévotement afin qu'à leur réveil ils eussent le corps blanc et purifié, et qu'ils allassent répandre en des contrées diverses les bénédictions du ciel.

Il possédait des richesses si vastes qu'il en ignorait le nombre. Les tables de ses serviteurs étaient d'or massif. Les lits de ses servantes étaient taillés dans du diamant. La Rani, sa femme, avait des étoiles sur le visage et des lunes sur les mains. Son fils était l'accomplissement des grâces célestes. Les rois les plus lointains venaient en procession vers lui, chargés des produits les plus précieux de leur pays. Il n'y avait en sa terre ni tigres, ni démons, ni même de Rakchasas qui prennent la figure humaine et, la nuit, vont ouvrir les poitrines pour ronger les cœurs.

Mais lorsque le fou Sachuli lui eut ainsi parlé, le Rajah tomba dans une méditation noire. Il pensa aux laboureurs, aux ouvriers, aux hommes des basses castes. Il réfléchit au don de la vie, si inégalement distribué par les dieux. Il songea que peut-être la véritable piété n'était pas de faire le bien, étant grand, mais de pouvoir le faire, étant petit. Il se demanda si cette piété jaillissait comme une immense fleur du cœur d'or des riches, ou si elle s'entr'ouvrait délicatement comme une humble fleurette des champs sur le cœur de terre des pauvres.

Alors il assembla ses princes et fit une solennelle déclaration. Il renonça à la royauté et à tous ses privilèges. Il leur distribua ses terres et ses fiefs, ouvrit les caves de ses trésors et les éparpilla, éventra les sacs de monnaie d'or et d'argent et les fit couler pour le peuple sur les places publiques, jeta au vent les manuscrits somptueux de ses bibliothèques. Il fit venir la Rani et la répudia devant son conseil; elle devait s'en aller avec son fils et retourner au pays d'où elle était venue. Puis, quand les princes, sa femme, son enfant, ses serviteurs furent partis, il rasa sa tête, se dépouilla de ses vêtements, enveloppa son corps d'une pièce de grosse toile, et mit le feu à son palais avec une torche. L'incendie s'éleva tout rouge, au-dessus des arbres de la résidence royale; on entendait craquer les meubles incrustés et les chambres d'ivoire; les tentures de métal tissé pendaient, noires et consumées.

Ainsi le Rajah partit à la lueur de ses trésors qui brûlaient. Il marcha d'un soleil à l'autre, d'une lune à la nouvelle, tant que ses sandales lui tombèrent des pieds. Alors il passa nu-pieds sur les ronces, et sa peau saigna. Les animaux parasites qui vivent par la grâce divine sur l'écorce des arbres et la surface des feuilles entrèrent dans la plante de ses pieds et les firent gonfler. Ses jambes devinrent semblables à deux outres pleines qu'il traînait après lui sur ses genoux. Les bêtes ailées, si petites qu'on ne peut les voir, et qui vivent dans l'air, tombèrent avec l'eau de la pluie sur sa tête ; et les cheveux du Rajah se fondirent dans des ulcères, et la peau de son crâne se souleva, pleine de plaies et de nœuds luisants. Et tout son corps devint sanglant, par les bestioles de la terre, de l'eau et de l'air qui venaient y habiter.

Mais le Maharajah supportait patiemment la volonté des dieux, sachant bien que tout ce qui respire a une âme, et qu'il ne faut pas tuer les êtres vivants, ni les laisser mourir. Bien qu'il souffrît des douleurs effroyables, il se sentait encore de la pitié pour toutes les âmes qui l'entouraient. « Certes, se dit-il, je ne suis pas encore fakir, la renonciation doit être plus dure et la lutte plus terrible. Voici que j'ai renoncé à mes richesses, à ma femme, à mon fils, à la santé de mon corps ; que faut-il de plus pour atteindre la pitié qui fleurit chez le pauvre ? »

Jamais le Rajah n'avait songé que l'un des biens de la terre était la liberté. Lorsqu'il eut ainsi médité, il vit que la liberté est la condition des rois du monde et qu'il lui fallait l'abandonner pour éprouver la véritable piété. Le Rajah résolut de se vendre au premier pauvre qu'il trouverait.

Passant dans une contrée noire, où la terre était grasse et suintante, où les oiseaux du ciel volaient par cercles et s'abattaient en nuées, le Maharajah vit une hutte de branches et de boue, la plus misérable œuvre de la main humaine, qui se dressait près d'un étang sombre. Il y avait dans l'entrée un homme de couleur, ancien, à la barbe sale, à l'œil sanglant; tout son corps était couvert de vase et d'herbes aquatiques; son aspect était repoussant et impur.

— Qu'es-tu? demanda le pauvre roi, qui se traînait sur les mains et sur les genoux.

Il s'assit contre la hutte, étendit ses jambes gonflées comme des outres et reposa sa tête énorme contre le mur terreux.

— Je suis un Dom, répondit l'être impur; je suis de la caste inférieure; je jette les morts qu'on m'apporte dans cet étang : les cadavres d'hommes paient une roupie; les corps d'enfants, huit *annas;* quand les gens sont trop pauvres, ils me donnent un morceau d'étoffe.

— Soit, dit le Rajah, je me vends à toi, vénérable Dom.

— Tu ne vaux pas grand'chose, répondit le noyeur, mais je t'achète pour une once d'or que voici. Tu pourras me servir, si je m'absente. Mets-toi là : si tes jambes sont malades, enduis-les de boue; si ta tête enfle, couvre-la des feuilles qui poussent dans l'eau, et tu seras rafraîchi. Je suis très misérable, comme tu vois; je t'ai donné la dernière once d'or que je possède, afin de e garder comme compagnon; car la solitude est horrible et les claquements de mâchoire des crocodiles me réveillent la nuit.

Le Rajah resta avec le Dom. Ils se nourrissaient de baies et de racines, car ils avaient rarement un cadavre à noyer. Et les gens qui arrivaient jusqu'à l'étang du Dom étaient des gens si pauvres qu'ils ne pouvaient souvent donner qu'une pièce d'étoffe ou huit *annas*. Mais le Dom était très bon pour le Rajah; il soignait ses horribles plaies comme s'il accomplissait un devoir naturel.

Et voici qu'il y eut un grand temps de prospérité pour la contrée. Le ciel était bleu, les arbres en fleur. Les gens ne voulaient plus mourir. Le Dom criait misérablement de faim, à demi enseveli dans la boue séchée.

Le Rajah vit alors venir vers l'étang une femme âgée, portant le corps d'un jeune garçon. Le cœur du Rajah battit, et il reconnut son fils, son fils qui était mort. Le cadavre était maigre et exsangue ; on pouvait compter les côtes le long de la poitrine ; les joues du fils du Rajah étaient creuses et couleur de terre ; on voyait qu'il était mort de faim.

La Rani reconnut le roi et se dit : « Il noiera le cadavre de son fils sans prendre d'argent. »

Le pauvre Rajah se traîna à genoux jusqu'au corps maigre et pleura sur sa tête. Puis il eut pitié du Dom et dit à la Rani :

— Il faut que tu me donnes huit *annas* pour noyer mon fils.

— Je suis pauvre, dit la Rani, je ne puis les donner.

— Peu importe, répondit le Rajah, va ramasser des

poignées de riz ; je garderai le cadavre de mon fils.

Grain à grain, pendant huit jours, la Rani glana du riz pour gagner les huit annas, et le Rajah pleurait toujours sur son enfant. Et lorsqu'il les eut, il noya son fils dans l'étang sombre et donna l'argent au Dom pour le sauver de la mort. Et alors une lumière resplendissante envahit ses yeux ; et il vit qu'il avait réellement atteint la plus grande renonciation et la véritable pitié du pauvre.

Puis il entra dans un fourré pour se mettre en prière. Et Dieu le rendit immobile ; le vent le couvrit de terre, l'herbe poussa sur son corps ; ses yeux coulèrent de leurs orbites, et des plantes sauvages germèrent dans son crâne. Les tendons de ses bras décharnés élevés vers le ciel étaient comme des lianes sèches enlacées aux branches mortes. Ainsi le roi parvint au repos éternel.

LA LÉGENDE DES GUEUX

L'AGE DE LA PIERRE POLIE

LA VENDEUSE D'AMBRE

Les glaciers n'avaient pas encore envahi les Alpes; les montagnes brunes et noires étaient moins coiffées de neiges, les cirques ne resplendissaient pas d'une blancheur si éblouissante. Là où on voit aujourd'hui des moraines désolées, des champs neigeux uniformément glacés, avec çà et là des fentes et des crevasses liquides, il y avait des bruyères fleuries parfois et des landes moins stériles, de la terre encore chaude, des brins d'herbe et des bêtes ailées qui s'y posaient. Il y avait les nappes rondes et tremblotantes des lacs bleus, avec leurs cuvettes taillées dans les hauts plateaux; tandis qu'on a maintenant le regard inquiétant et morne de ces énormes yeux vitreux de la montagne, où le pied, craignant l'abîme, semble glisser sur la profondeur gelée d'insondables prunelles mortes. Les rochers qui ceignaient les lacs étaient de basalte, d'un noir vigoureux; les assises de granit se couvraient de mousse et le soleil allumait toutes leurs paillettes de mica; aujourd'hui les arêtes de blocs, obscurément soulevés, confusément groupés, sous le manteau sans plis du givre, défendent leurs orbites pleins de glace sombre, comme des sourcils de pierre.

Entre deux flancs très verts, au creux d'un massif élevé, courait une longue vallée avec un lac sinueux. Sur les bords, et jusqu'au centre, émergeaient des constructions étranges, quelques-unes accotées deux à deux, d'autres isolées dans le milieu de l'eau. Elles étaient comme une multitude de chapeaux de paille pointus sur une forêt de bâtons. Partout, à une certaine distance du rivage, on voyait surgir des têtes de perches qui formaient pilotis : des troncs bruts, déchiquetés, souvent pourris, qui arrêtaient le clapotis des petites vagues. Immédiatement assises sur les extrémités taillées des arbres, les huttes étaient faites avec des branches et la vase séchée du lac; le toit, conique, pouvait se tourner dans toutes les directions, à cause du trou à fumée, afin qu'elle ne pût être rabattue à l'intérieur par le vent. Quelques hangars étaient plus spacieux; il y avait des sortes d'échelons plongeant dans l'eau et des passerelles minces qui joignaient souvent deux îlots de pilotis.

Des êtres larges, massifs, silencieux, circulaient parmi les huttes, descendaient jusqu'à l'eau, traînaient des filets dont les poids étaient des pierres polies et trouées, happaient le poisson en croquant parfois le fretin cru. D'autres, patiemment accroupis devant un cadre de bois, lançaient de leur main gauche à leur main droite un silex évasé, en forme d'olive, avec deux rainures longitudinales, et qui entraînait un fil hérissé de brindilles. Ils serraient avec leurs genoux deux montants qui glissaient sur le cadre ; ainsi naissait dans un mouvement alternatif une trame où les brins se croisaient à distance. On ne voyait pas là d'ouvriers en pierres, qui les éclataient avec des curettes de bois durci, ni de polisseurs à la meule plate, où il y a une dépression centrale pour la paume de la main, ni d'habiles emmancheurs qui voyageaient de pays en pays, avec des cornes de cerfs perforées, pour y fixer solidement au moyen de lanières en peau de renne de jolies haches de basalte et d'élégantes lames de jade ou de serpentine venues de la contrée où le soleil se lève. Il n'y avait pas de femmes adroites à enfiler des dents blanches de bêtes, et des grains de marbre poli, pour en faire des colliers et des bracelets, ni d'artisanes au burin tranchant, qui gravaient des lignes courbes sur les omoplates et sculptaient les bâtons de commandement.

Les gens qui vivaient sur ces pilotis étaient une population pauvre, éloignée des terrains qui engendrent de bons métiers, dépourvue d'outils et de bijoux. Ils se procuraient ceux qu'ils voulaient en les échangeant contre du poisson sec avec les marchands forains qui arrivaient dans des canots grossièrement creusés. Leurs vêtements étaient des peaux achetées ; ils étaient forcés d'attendre leurs fournisseurs en poids de filets et en crochets de pierre ; ils n'avaient ni chiens ni rennes ; seuls, avec un grouillement d'enfants boueux qui clapotaient au ras des perches, ils existaient misérablement dans leurs tanières à ciel ouvert, fortifiées d'eau.

Comme la nuit tombait, les sommets des montagnes autour du lac encore pâlement éclairés, il se fit un bruit de pagayes et on entendit le choc d'une barque contre les pilotis. Saillissant dans la brume grise, trois hommes et une femme s'avancèrent aux échelons. Ils avaient des épieux en main, et le père balançait deux boules de pierre à une corde tendue, où elles tenaient par deux gorges creuses. Dans un canot qu'elle amarrait à un tronc plongeant, une étrangère se dressait, richement vêtue de fourrures, soulevant un panier tressé de joncs. On apercevait vaguement dans cette corbeille oblongue un amas de choses jaunes et luisantes. Cela semblait lourd, car il y avait aussi des pierres sculptées dont on entrevoyait les grimaces. L'étrangère monta néanmoins avec légèreté, le panier cliquetant au bout de son bras nerveux ; puis, comme une hirondelle qui disparaît dans le trou de son nid, près du toit, elle entra d'un bond sous le cône et s'accroupit près du feu de tourbe.

Elle différait extrêmement d'aspect avec les hommes des pilotis. Ceux-ci étaient trapus, pesants, avec d'énormes muscles noueux entre lesquels couraient des sillons le long de leurs bras et de leurs jambes. Ils avaient des cheveux noirs et huileux qui leur pendaient jusqu'aux épaules en mèches droites et dures; leurs têtes étaient grosses, larges, avec un front plat aux tempes distendues et des bajoues puissantes; tandis que leurs yeux étaient petits, enfoncés, méchants. L'étrangère avait les membres longs et le port gracieux, une toison de cheveux blonds et des yeux clairs d'une fraîcheur provocante. Au lieu que les gens des pilotis restaient presque muets, murmurant parfois une syllabe, mais observant tout avec persistance et le regard mobile, l'étrangère bavardait sans cesse dans une langue incompréhensible, souriait, gesticulait, caressait les objets et les mains des autres, les tâtait, les tapait, les repoussait facétieusement et montrait surtout une curiosité insatiable. Elle avait le rire large et ouvert; les pêcheurs n'avaient qu'un ricanement sec. Mais ils regardaient avidement le panier de la vendeuse blonde.

Elle le poussa au centre, et, un copeau de résine allumé, elle présenta les objets à la lueur rouge. C'étaient des bâtons d'ambre travaillé, merveilleusement transparent, comme de l'or jaune translucide. Elle avait des boules où circulaient des veines de lait, des grains taillés à facettes, des colliers de bâtonnets et de billes, des bracelets d'une pièce, larges, où le bras pouvait entrer jusqu'au-dessous de l'épaule, des bagues plates, des anneaux pour les oreilles avec une petite broche d'os, des peignes à chânvre, des bouts de sceptre pour les chefs. Elle rejetait les objets dans un gobelet qui sonnait. Le vieux, dont la barbe blanche pendait en tresses jusqu'à la ceinture, souleva et considéra ardemment ce vase singulier, qui devait être magique, puisqu'il avait un son comme les choses animées. Le gobelet de bronze, vendu par un peuple qui savait fondre le métal, brillait à la lumière.

Mais l'ambre étincelait aussi, et le prix en était inestimable. Cette richesse jaune emplissait l'obscurité de la hutte. Le vieux homme gardait ses petits yeux rivés dessus. La femme tournait autour de l'étrangère, et, plus familière maintenant, passait les colliers et les bracelets près de ses cheveux pour comparer les couleurs. Coupant avec une lame de silex les mailles déchirées d'un filet, un des jeunes hommes jetait vers la fille blonde des regards furieux de désir : c'était le cadet. Sur un lit d'herbes sèches qui craquaient à ses mouvements, le fils aîné gémissait lamentablement. Sa femme venait d'accoucher ; elle traînait le long des pilotis, ayant noué son enfant sur le dos, une sorte de chalut qui servait à la pêche nocturne, tandis que l'homme, étendu, poussait des cris de malade. Penchant la tête de côté, renversant la figure, il regardait avec la même avidité que son père le panier plein d'ambre, et ses mains tremblaient de convoitise.

Bientôt, avec des gestes calmes, ils invitèrent la vendeuse d'ambre à couvrir sa corbeille, se groupèrent autour du foyer et firent mine de tenir conseil. Le vieux discourait en paroles pressées ; il s'adressait au fils aîné, qui clignait très rapidement des paupières. C'était le seul signe d'intelligence du langage ; le morne voisinage des bêtes aquatiques avait fixé les muscles de leurs figures dans une placidité bestiale.

Il y avait au bout de la chambre de branches un espace libre : deux poutres mieux équarries que le reste du plancher. On fit signe à la vendeuse d'ambre qu'elle pourrait s'y coucher après qu'elle eut grignoté une moitié de poisson sec. Près de là un filet simple, en poche, devait servir à capter la nuit, sous l'habitation, les poissons qui suivaient le courant très faible du lac. Mais il semblait qu'on n'en ferait pas usage. Le panier plein d'ambre fut placé de leurs bras rassurants à la tête de la dormeuse, en dehors des deux planches où elle s'était étendue.

Puis, après quelques grognements, le copeau résineux fut éteint. On entendait couler l'eau entre les pilotis. Le courant frappait les perches de battements liquides. Le vieux dit quelques phrases interrogatives, avec une certaine inquiétude ; les deux fils répondirent par un assentiment, le second, toutefois, non sans quelque hésitation. Le silence s'établit tout à fait parmi les bruits de l'eau.

Tout à coup, il y eut une courte lutte au bout de

la chambre, un frôlement de deux corps, des gémissements, quelques cris aigus, et un long souffle d'épuisement. Le vieux se leva à tâtons, prit le filet en poche, le lança, et, tirant soudain dans leur glissière les planches où s'était couchée la vendeuse d'ambre, il découvrit l'ouverture qui servait à la pêche de nuit. Ce fut un engouffrement, deux chutes, un bref clapotis : le copeau de résine, allumé, agité au-dessus du trou d'eau ne laissa rien voir. Alors le vieux saisit le panier d'ambre, et, sur le lit du fils aîné, ils se divisèrent le trésor, la femme quêtant les grains qui roulaient, épars.

Ils ne tirèrent le filet qu'au matin. Ils coupèrent les cheveux au cadavre de la vendeuse d'ambre, puis rejetèrent son corps blanc sur les pilotis, en pâture aux poissons. Quant au noyé, le vieux lui enleva de son couteau de silex une rondelle du crâne, amulette qu'il enfonça dans le cerveau du mort pour lui servir pendant sa vie future. Puis ils le déposèrent hors de la hutte, et les femmes se déchirant les joues et s'arrachant les cheveux, poussèrent les ululations solennelles.

L'ÉPOQUE ROMAINE

LA MOISSON SABINE

Le jour de la moisson était arrivé, tout ensoleillé. Les blés murs se balançaient, attendant la faucille, aux premières lueurs du matin. L'aurore avait jeté sur les coteaux ses feux roses, et les petits nuages blancs, aux bords enflammés, fuyaient vers l'Ouest le long du ciel bleu. Les paysans sortaient à la brise matinale, le manteau jeté sur les épaules; ils ne conservaient, pour moissonner sous la chaleur, que la tunique. La moisson durait jusqu'au soir. On ne voyait dans les champs que des dos courbés; les hommes se couvraient la tête d'une « mappa » blanche et les femmes d'un fichu dont la pointe leur tombait dans le cou. Les uns saisissaient les épis et tranchaient les tiges de leur faucille à mi-hauteur. Les autres les réunissaient en liasses et nouaient l'osier flexible tout autour; ceux-ci, deux gerbes sous les bras, deux autres dans chaque main, les entassaient sur le sol moissonné; ceux-là les emportaient à mesure vers l'aire à battre sur des chariots faits d'une poutre longue, montée sur quatre roues, et de deux fourches de bois, en avant et en arrière, qui retenaient les gerbes. Les bœufs placides traînaient les tombereaux d'un pas lent et monotone, battant leurs flancs mouillés de leur queue à longs poils, et secouant parfois impatiemment le joug, pour chasser les mouches, tandis qu'ils soufflaient de la vapeur par leurs naseaux. Les essieux criaient, les hommes chantaient, les filles riaient quand les jeunes gens, en passant, leur chatouillaient les côtes. Le chaume dressait dans l'air chaud ses tronçons mutilés, coiffés souvent de têtes de pavots, abattues avec les épis par la faucille; la terre des sillons, longtemps cachée par le blé, apparaissait, un peu humide dans les creux, couverte d'insectes et de chenilles. Les sauterelles partaient devant les pieds, avec un strident bruissement d'ailes; les cailles désertaient le champ fauché, avec les perdreaux et les alouettes; et, s'abattant parmi les champs d'alentour, elles poussaient des piaillements assourdissants, tandis que les pies, qui s'envolaient lourdement de cime en cime, regardaient avec curiosité les moissonneurs, en caquetant.

Puis le midi endormait le travail sous sa pesante chaleur; les enfants, accrochés à la « castula » de leurs mères, s'assoupissaient le long des haies, la tête enfouie sous les scabieuses et le chèvrefeuille ; hommes et femmes s'accroupissaient sur leurs manteaux au bord du champ, dans le fossé du chemin. On débouchait une amphore qui circulait à la ronde, tandis qu'on mordait dans un morceau de pain beurré de crème, ce qui rendait le vin meilleur. Les bœufs dételés paissaient tranquillement sur les bouts de gazon que le feuillage d'un chêne avait protégés de l'ardeur du soleil ; leurs larges naseaux semblaient humer la terre ; ils saisissaient l'herbe avec leur langue rugueuse et la mâchaient lentement en regardant devant eux, leurs grands yeux figés dans l'indifférence. Puis tout s'anéantissait sous la méridienne ; on sommeillait doucement, étendu sur l'herbe. Les dormeurs, éperdus de chaleur, remuaient les bras et soupiraient violemment ; les femmes se couvraient la figure de leurs fichus, et les hommes de leurs « mappæ » ; les genoux des bœufs se pliaient sous eux, et ils reposaient aussi, couchés à terre.

Quand le soleil, dépassant le zénith, commençait à incliner ses rayons, que l'ombre courte des arbres et des haies s'allongeait encore, tout ce monde endormi s'agitait de nouveau pour se remettre au travail. Et les bœufs traînaient leurs chariots, les moissonneurs tranchaient leurs épis, liaient et transportaient les gerbes ; les femmes riaient encore et les gars les chatouillaient de plus belle jusqu'au coucher rougeâtre derrière les cimes violacées, jusqu'à ce que le chaume vide des guérets eût crépité sous le vent du soir, et que les premières teintes grises de la nuit eussent ombré la terre.

Alors on fêta la reine de la moisson. Était-elle vraiment jolie ? Elle avait ce que n'ont pas, grands dieux ! les coquettes élevées dans l'ombre des gynécées, la fraîcheur sauvage et le parfum pénétrant des fleurs de la montagne. Le voyageur lassé par une longue route dans le soleil, et qui s'essuie le front après avoir péniblement gravi une côte poudreuse, écoute avec délices le murmure d'une source froide qui vient sourdre au milieu de roches moussues et tombe en cascade argentine sur les feuilles découpées des fougères et sur les rameaux de cornouiller chargés de baies pierreuses. Il y court, et, tendant ses mains en sueur, il les trempe dans le filet d'eau rejaillissante ; il mouille sa figure et boit en plongeant les lèvres à même. Puis il s'étend près de la source chantante et se laisse bercer à son murmure; oubliant la côte aride avec ses frênes désolés et ses touffes de lavande et de romarin, il repaît ses regards du nid de feuillage de la nymphe ; les violettes lui clignotent des yeux au fond de leurs cachettes vertes et les fraisiers sauvages lui montrent des perles rouges entre leurs feuilles dentelées. Les senteurs des bois l'accablent de leur arôme, et il s'abandonne aux caresses de la forêt. Ainsi les citadins alanguis pouvaient se rafraîchir à contempler cette reine du pays Sabin.

Elle était assise au milieu des moissonneurs, sur

une pierre plate; elle tenait aussi une faucille, — mais elle ne travaillait pas, — elle chantait seulement, — et les travailleurs reprenaient tous ensemble le refrain.

Sa chanson triste parlait d'une jeune fille dont le fiancé avait été pris à la conscription par les enrôleurs, et envoyé à la légion. Et puis il partait pour faire la guerre, avec son « maniplus », très loin, du côté de la Gaule. Et qu'était-ce que la Gaule ? La petite reine ne le savait pas — mais c'était très loin, et les hommes de là-bas étaient grands et féroces.

Or, depuis qu'il était parti, la fiancée n'avait pas eu de nouvelles de son amant. Alors la pauvre jeune fille allait sur le bord de la Via, par où passent les armées, — et elle attendait toujours son fiancé, au milieu de la poussière des chariots, de la cohue des hommes d'armes, des caracolements des chevaux, des insultes des soldats. Et elle attendait longtemps, les yeux rougis de larmes, — si longtemps, qu'elle ne comptait plus les jours ni les mois et qu'elle ne s'apercevait plus du lever du soleil et de la tombée de la nuit. Ses cheveux se blanchissaient dans l'attente; sa peau se ridait sous le soleil; et, dans les dures tourmentes de l'hiver, la pluie ruisselait sur son corps, et la gelée faisait craquer ses membres; mais elle était toujours là, les yeux grands ouverts, attendant son fiancé.

Voyant tant d'hommes passer devant elle, tant de machines de guerre, de fantassins, de cavaliers et de légions, son courage commençait à la quitter, et elle se désespérait.

Voilà qu'un jour elle tressaillit en entendant au loin des « tubæ » qui sonnaient un air connu. C'était un air du pays, un air sur lequel les gars et les filles se chantaient des répons; elle l'avait chanté avec son amant. Son cœur se mit à battre.

Un bataillon arriva, « maniplus » par « maniplus », les frondeurs en tête, puis les piquiers, les porteurs de « pilum », avec les « centuriones » sur le flanc. Elle se pencha pour voir et reconnut dans un « maniplus » des hommes de son pays, partis jadis avec son fiancé.

Poussant un grand cri, elle s'élança sur la route, en avant des soldats, et elle les retenait en hurlant. Mais eux ne reconnaissaient pas dans cette vieille la riante jeune fille qu'ils avaient quittée; ils voulaient la repousser, lorsqu'elle demanda en pleurant où était Clodius, Clodius son fiancé.

— Il avait une toge brune, dit-elle, un anneau d'argent au doigt; il portait à sa poitrine l'écharpe bleue tissée par moi.

Et l'un d'eux répondit : « Nous connaissions bien Clodius; il est mort en Bretagne; les Bretons l'ont tué. Il a gardé son écharpe, pour mourir en l'embrassant; mais il m'a donné son anneau, pour le rendre à sa fiancée. »

Il mit l'anneau à son doigt, et le bataillon passa. Et quand la jeune fille eut l'anneau, l'anneau d'argent au doigt, — voilà qu'elle tomba au bord du chemin, — et elle était morte.

La reine de la moisson avait les yeux pleins de larmes, en finissant cette chanson; l'air en était mélancolique et doux, et elle plaignait tant la pauvre fiancée... Mais les gouttes tièdes n'avaient pas eu le temps de rouler le long de ses joues, que déjà des bras vigoureux la soulevaient pour l'asseoir au faîte de la charrette. Les gerbes y avaient été tassées avec soin, et, au centre, on en avait placé trois, l'une en long, pour que la reine pût s'y asseoir, les deux autres debout, en manière de dossier. Et la reine prit place sur son trône et se couronna gentiment avec la tresse de bleuets qu'elle trouva accrochée au dossier de son siège royal, et elle embrassa son roi de tout cœur sur ses deux joues enflammées, quand il grimpa en haletant, le long des gerbes, pour lui donner une grande chaîne de coquelicots et d'énormes marguerites, qu'elle passa sur l'épaule gauche et noua à la taille. Alors la charrette se mit en marche; les roues tournaient lentement, en grinçant — et les bœufs avançaient pesamment, la vue embarrassée par les touffes de lierre qui encombraient le joug et leurs cornes. Les moissonneurs entouraient le char de la reine de la moisson; les plus vieux ouvraient la marche, les jeunes suivaient, et les femmes fermaient le cortège.

Ils chantaient les vieux chants qu'ils tenaient de leurs pères et que ceux-ci avaient reçus de leurs aïeux, où l'on ne parlait pas du cruel Mavors, qui ne se réjouit qu'au son des épées brisées et au fracas des boucliers heurtés, mais seulement de la bienfaisante Terre qui reçoit les semences, et du Soleil qui les féconde par ses baisers. Ils chantaient aussi les génies des champs, qui veillent sur les blés, et les fées amies qui règnent sur les sources et ne les laissent pas tarir, qui entourent les puits rustiques de couronnes de violettes et guident les ruisseaux qui serpentent au flanc des collines. Et principalement ils n'oubliaient pas dans leurs chants la déesse du Nar, qui fécondait le pays de ses bienfaisantes vapeurs, et leur permettait d'aller prendre dans son sein la truite alerte et perfide, couverte de taches rouges, et les écrevisses à la carapace bleuâtre, qui pincent sournoisement, entre les pierres, les doigts des petits enfants. Ils célébraient enfin les danses des Heures qui amènent la moisson, et qui tournent en ronde continuelle, se tenant la main, s'enlaçant et se désenlaçant toujours, pour mener leur farandole depuis l'Hiver, à travers le Printemps, jusqu'à la fin de l'Été, jusqu'à l'Automne qui distribue les fruits : il jette à profusion du pli de son manteau couleur feuille-morte les pommes rougies, les nèfles brunes, les olives noires et les figues mûres qui frappent la terre et s'ouvrent avec un petit claquement.

QUATORZIÈME SIÈCLE

Les Routiers.

MÉRIGOT MARCHÈS

Nous avions battu le pays d'Auvergne l'espace de trois mois, sans rien y trouver de bon, parce que la terre est désolée. Il n'y a là que de hautes forêts, où les fougères croissent en travers, aussi loin qu'on peut voir; et les pâturages sont maigres, si bien que les gens du plat pays font juste assez de fromage pour ce qu'ils peuvent manger; toutes les bêtes sont décharnées, même les sauvages; on ne voit de ci de là que des oiseaux noirs qui s'abattent en criant sur les rochers rouges. Il y a des endroits où le terrain crève parmi les pierres grises, et les bords du trou semblent teints de sang.

Mais le 12 juillet de cette année (1392), comme nous partions de Saignes, qui est devers Mauriac, pour aller à Arches, nous trouvâmes de la compagnie dans une taverne de ces montagnes. C'est un hôtel où on fait mince chère, à l'enseigne du « Pourcelet »; et la chopine de vin y est si dure qu'elle vous fait peler la bouche. En mangeant un morceau de fromage à tout une tranche de pain noir, nous dîmes quelques paroles à un compagnon qui se trouvait là. Il avait la mine d'avoir servi dans les grandes guerres et peut-être contre le roi : nous le vîmes par son basilaire de façon anglaise qui paraissait usé à force de frapper sur les bassinets de buffes et de torchons. Son nom était Robin le Galois, comme il nous dit, et il avait une manière de parler étrangère, étant d'Aragon. Il nous raconta qu'il avait été dans les Compagnies, efforçant les villes à l'échelle, où ils rôtissaient les bourgeois pour savoir les cachettes d'écus; et ses capitaines avaient été Geoffroy Tête-Noire et Mérigot Marchès du Limousin. Ce Mérigot Marchès avait été décapité l'an passé aux Halles de Paris; et son dernier tourment si notable que nous avions vu sa tête au bout d'une lance sur l'échafaud; une tête couleur de plomb avec du sang caillé au nez et les peaux du cou qui pendaient.

Nous prîmes du cœur sur ce récit et lui demandâmes s'il y avait quelque ressource dans le haut pays pour les gens d'armes. Sur quoi, il nous dit que non pour les grandes pilleries des compagnons qui y avaient été dix ans et plus; en compagnie, desquels il avait bravement rançonné les bourgs et couru les terres tant qu'il ne restait pas la queue d'un cochon à griller. Et comme il semblait qu'il eût bu assez de ce vin aigre de la contrée d'Auvergne, sa tête s'échauffa, et il nous fit ses plaintes. Il disait qu'en ce monde il n'est temps, ébattement, ni gloire que de guerroyer à la façon des Compagnons. « Tous les jours, dit-il, nous avions nouvel argent. Les vilains d'Auvergne et de Limousin nous pourvoyaient et nous amenaient les blés, la farine, le pain tout cuit, l'avoine pour les chevaux et la litière, les bons vins, les bœufs, les brebis, et les moutons tout gras, la poulaille et la volaille. Nous étions gouvernés et étoffés comme rois; et quand nous chevauchions, tout le pays tremblait devant nous. Tout était nôtre, allant et retournant. Les capitaines prenaient force argenterie, aiguières, tasses et vaisselle plate. Ils en emplissaient leurs arches ferrées. Quand notre captal, Mérigot Marchès, alla tenir le Roc de Vendas, il en laissa ici bonne provision. Où? Je vous pleige que j'en sais peut-être quelque chose. Dites, compagnons, sang-Dieu, vous avez été dans les routes de gens d'armes, vous cherchez une compagnie; nous pouvons faire convention. Allez, la France est notre chambre, c'est le paradis des gens d'armes. Puisqu'il n'y a plus de guerre, il est temps de lever notre argent. Je vous offre partage discret de l'argenterie et vaisselle de Mérigot Marchès; elle est dans quelque rivière, près d'ici : j'ai grand besoin de vous pour la reprendre. »

Je regardai Jehannin de la Montaigne, qui levait le

coude : il me cligna de l'œil. Notre amie Museau de Brebis nous avait si fort pressés que nous n'avions plus un denier dans nos bourses. Nous devions faire argent de tout pour reprendre notre bonne chère au retour. Je parlai donc plus à plein à ce compagnon Robin le Galois, tenant propos pour moi-même et pour Jehannin de la Montaigne. Et nous fîmes une convention que le partage serait équitable si la moitié du trésor revenait à lui, Robin, tandis que nous aurions chacun le quart. Une chopine de vin consacra notre pacte ; et nous sortîmes de l'hôtel environ comme le soleil tombait derrière le rideau de montagnes qui est vers le couchant.

Comme nous marchions, nous entendîmes hucher derrière nous ; à l'ouïe duquel huchement Robin se détourna, disant qu'il reconnaissait le signal de sa compagnie. De fait se présenta sur le côté de la route un homme fort déchiré, à houppelande verte, qui avait la figure blême et l'aumusse rabattue sur les yeux ; dont Robin nous dit qu'il se nommait Le Verdois et qu'il convenait l'emmener avec nous un peu, pour qu'il ne s'aperçût de rien. La nuit tomba rapidement, comme il se fait en pays de montagnes, et, la brouasse s'épaississant, il vint un autre compagnon silencieux, vêtu d'un jaque noir, à chaperon bien troué et quelque peu de barbe, ce qui nous surprit. Otant son chaperon par manière d'obéissance, je vis qu'il portait tonsure, comme un clerc. Mais je pense qu'il ne l'était point ; car la seule fois qu'il rompit le silence, il jura le vilain serment. De celui-là Robin ne dit rien; sinon qu'il hocha la tête et souffrit le Compagnon Silencieux marcher auprès de lui. Nous passions sur des rochers pointus, parmi des brousses ardues, avec une bise aigre qui nous coupait la figure, lorsqu'une main osseuse me saisit le bras, ce dont je reculai soudain. Le nouvel homme avait une mine qui portait la terreur; ses deux oreilles étaient coupées ras, et il était manchot du bras gauche; un coup de basilaire avait fendu sa bouche, de sorte que ses lèvres se retroussaient à la manière d'un chien qui ronge un os. Cet homme me tenant contre lui avait un rire féroce, et ne disait rien.

Ainsi nous marchâmes sur le haut sentier d'Arches pendant environ deux heures. Robin le Galois jargonnait toujours, disant qu'il connaissait la route, pour l'avoir faite maintes fois avec Mérigot Marchès, du temps qu'on pendait les paysans aux branches des arbres pour ne pas priver de leurs récoltes les oiseaux du ciel, ou qu'on leur mettait des chapeaux rouges à la tête avec des bâtons de cormier. Dont Mérigot Marchès avait été dépecé aux Halles comme un bœuf, et ses quatre quartiers exposés aux justices du roi, parce qu'il était noble, fils de monseigneur Aimery Marchès du Limousin; au lieu que lui, Robin, simple homme de guerre, aurait été faire aux fourches patibulaires de notre sire la moue à la lune.

Venant deçà le bourg d'Arches, est une rivière qui

coule au fond d'un ravin. Elle se nomme la Vanve et s'élargit environ une lieue au-dessus de la ville. La minuit était déjà venue, et nous cheminions sur la rive de la Vanve, qui est moitié de sable et de boue. De chaque côté sont des fourrés de brousses noires, qui allaient au loin avec des bouquets de genêts jusqu'aux premières collines. La lune donnait une clarté pâle, et nos ombres longues touchaient les brousses comme nous passions. Alors on entendit soudain trembler l'air sous une voix aiguë qui chantait : « Mérigot! Mérigot! Mérigot! » dont on eût facilement dit un oiseau étrange du pays d'Auvergne huant et se plaignant parmi la nuit. Car cette voix était plaintive et comme coupée de sanglots, ressemblant trop aux cris de douleur des femmes qui pleuraient ceux qui étaient morts durant les grandes guerres des Anglais.

Mais Robin le Galois s'arrêta quand il ouït le cri de « Mérigot! » et je vis ses jambes trembler. Pour moi, je n'osais plus avancer; car je pensais bien que c'était Mérigot Marchès; et il me semblait voir monter parmi les brouées de la Vanve sa tête couleur de plomb d'où les peaux du cou pendaient.

Le Verdois, le Compagnon Silencieux, et Le Manchot cependant continuèrent à marcher et entrèrent dans la rivière; ils y plongeaient jusqu'aux genoux, parmi quelques roseaux. Robin le Galois, ayant pris du cœur, courut à l'eau : il y avait là un chenal singulier, aisé à reconnaître. Ils enfoncèrent leurs bâtons dans la boue : Jehannin de la Montaigne et moi nous creusions de nos basilaires. Jehannin cria soudain : « Je tiens l'arche ! » Alors nous tirâmes dans la boue sur un coffre de bois à ferrures dont le couvercle, toutefois, parut défoncé sous les mains. Et, la portant à la lune, qui éclaira nos vêtements boueux et nos figures pâles, nous vîmes que l'arche était vide d'argenterie, pleine seulement de limon, de pierres plates et de créatures molles avec du frai d'anguilles.

Soudain, en relevant les yeux, nous vîmes une femme à cotte perse qui pleurait. Et Robin le Galois s'écria que c'était Mariote Marchès, la femme de Mérigot, et qu'elle avait emblé l'argenterie ; Le Verdois et Le Manchot, jurant sourdement, allèrent vers elle. Mais elle appela « Mérigot ! », et, s'enfuyant vers les brousses, nous cria que c'était le douze juillet. Or, il y avait un an que Mérigot Marchès avait été mené à son dernier tourment. Dont les autres dirent que nous n'avions guère d'espoir de trouver son trésor en une semblable nuit ; parce que les esprits des justiciés volontiers hantent leurs biens terrestres aux jours et heures qu'ils sont trépassés, dans les années de retour. Et nous nous en revînmes le long de la Vanve, laquelle rivière coule en murmurant doucement. Et à coup nous remarquâmes, Robin, la Montaigne, le Verdois, le Manchot et moi, que le Compagnon Silencieux s'était évanoui dans les brousses. Alors Robin se mit à se lamenter ; et nous pensâmes tous que Mariote Marchès l'avait emmené doucement dans les fourrés noirs pour vivre avec elle dans une autre contrée avec les plats, écuelles, coupes couvertes, drageoirs, gobelets, pintes et bassins d'argent, que Mérigot Marchès avait enterrés dans la rivière de Vanve et qui valaient bien à tout le compte six ou sept mille marcs.

QUINZIÈME SIÈCLE

Les Bohémiens.

LE « PAPIER ROUGE »

Je feuilletais à la Bibliothèque Nationale un manuscrit du xvᵉ siècle, lorsque mon attention fut éveillée par un nom étrange qui me passait sous les yeux. Le manuscrit contenait des « lays » presque tous copiés dans le *Jardin de Plaisance*, une farce à quatre personnages, et le récit des miracles de sainte Geneviève; mais le nom qui me frappa était inscrit sur deux feuillets rapportés à l'aide d'un onglet. C'était un fragment de chronique datant de la première moitié du quinzième siècle. Et voici le passage qui avait retenu mon regard :

« L'an quatorze cent trente-sept, l'hiver fut froid, et y eut notable famine pour les récoltes détruites par grosse grêle et forte.

» *Item* plusieurs du plat pays entrèrent à Paris environ la fête Notre-Seigneur, disant qu'il y avait diables par la campagne ou larrons étrangers, capitaine Baro Pani et ses suppôts, tant hommes que femmes, pillant et troussant gens. Lesquels viennent, comme ils disent, du pays d'Egypte, et ont un langage propre, et leurs femmes ont des jeux dont elles engeignent les simples. Et sont iceux tant larrons et meurtriers que plus ne se peut. Et sont de très mauvais gouvernement. »

La marge du feuillet portait la mention suivante :

« Le dit capitaine de bohémiens et ses gens furent pris par les ordres de monseigneur le prévôt et menés au dernier supplice, excepté toutefois une de leurs femmes qui échappa.

» *Item*, convient de noter ici que la même année fut appointé maître Etienne Guerrois, clerc criminel de la prévôté en lieu et place de maître Alexandre Cachemarée. »

Je ne puis dire ce qui excita ma curiosité dans cette courte note, le nom du capitaine Baro Pani, l'apparition des Bohémiens dans la campagne de Paris en 1437, ou ce singulier rapprochement que faisait l'auteur des lignes marginales entre le supplice du capitaine, l'évasion d'une femme, le déplacement d'un clerc au criminel. Mais j'éprouvai l'envie invincible d'en savoir plus long. Je quittai donc aussitôt la Bibliothèque, et, gagnant les quais, je suivis la Seine pour aller fouiller les Archives.

En passant dans les rues étroites du Marais, le long

des grilles du bâtiment national, sous le porche sombre du vieil hôtel, j'eus un instant de découragement. Il nous est resté si peu de « criminel » du quinzième... Trouverais-je mes gens dans le Registre du Châtelet ? Peut-être avaient-ils fait appel au Parlement... peut-être ne rencontrerais-je qu'une sinistre note au *papier rouge*. Je n'avais jamais consulté le Papier-Rouge, et je décidai d'épuiser le reste avant d'en venir là.

La salle des Archives est petite ; les hautes fenêtres ont de minuscules carreaux anciens ; les gens qui écrivent sont courbés sur leurs liasses comme des ouvriers de précision ; au fond, sur un pupitre en estrade, le conservateur surveille et travaille. L'atmosphère est grise, malgré la lumière, à cause du reflet des vieux murs. Le silence est profond ; aucun bruit ne monte de la rue : rien que le froissement du parchemin qui glisse sous le pouce et la plume qui crie. Lorsque je tournai la première feuille du registre pour 1437, je crus que j'étais devenu, moi aussi, clerc criminel de monseigneur le prévôt. Les procès étaient signés : AL. CACHEMARÉE. L'écriture de ce clerc était belle, droite, ferme ; je me figurai un homme énergique, d'aspect imposant afin de recevoir les dernières confessions avant le supplice.

Mais je cherchai vainement l'affaire des Bohémiens et de leur chef. Il n'y avait qu'un procès de sorcellerie et de vol dressé contre « une qui a nom princesse du Caire ». Le corps de l'instruction montrait qu'il s'agissait d'une fille de la même bande. Elle était accompagnée, dit l'interrogatoire, d'un certain « baron, capitaine de ribleurs ». (Ce baron doit être le Baro Pani de la chronique manuscrite.) Il était « homme bien subtil et affiné », maigre, à moustaches noires, avec deux couteaux dans la ceinture, dont les poignées étaient ouvragées d'argent ; « et il porte ordinairement avec lui une poche de toile où il met la *droue*, qui est un poison pour le bétail, dont les bœufs, vaches et chevaux soudain meurent, qu'ils ont mangé du grain mélangé avec la *droue*, par étranges convulsions ».

La princesse du Caire fut prise et menée prisonnière au Châtelet de Paris. On voit par les questions du lieutenant criminel qu'elle était « âgée de vingt-quatre ans ou environ » ; vêtue d'une cotte de drap quelque peu semée de fleurs, à ceinture tressée de fil en manière d'or ; elle avait des yeux noirs d'une fixité singulière, et ses paroles étaient accompagnées de gestes emphatiques de sa main droite, qu'elle ouvrait et refermait sans cesse, en agitant les doigts devant sa figure.

Elle avait une voix rauque et une prononciation sifflante, et elle injuriait violemment les juges et le clerc en répondant à l'interrogatoire. On voulut la faire dévêtir pour la mettre à la question, « afin de connaître ses crimes par sa bouche ». Le petit tréteau étant préparé, le lieutenant criminel lui ordonna de se mettre toute nue. Mais elle refusa, et il fallut lui tirer de force son surcot, sa cotte et sa chemise, « qui paraissait de soie, aussi marquée du sceau de Salomon ». Alors elle se roula sur les carreaux du Châtelet; puis, se relevant brusquement, elle présenta son entière nudité aux juges stupéfaits. Elle se dressait comme une statue de chair dorée. « Et lorsqu'elle fut liée sur le petit tréteau, et qu'on eut jeté un peu d'eau sur elle, ladite princesse du Caire requit d'être mise hors de ladite question et qu'elle dirait ce qu'elle savait. » On la mena chauffer au feu des cuisines de la prison, « où elle semblait trop diabolique ainsi éclairée de rouge ». Lorsqu'elle fut « bien en point », les examinateurs s'étant transportés dans les cuisines, elle ne voulut plus rien dire et passa au travers de sa bouche ses longs cheveux noirs.

On la fit alors ramener sur les carreaux et attacher sur le grand tréteau. Et « avant qu'on eut jeté peu au point d'eau sur elle où qu'on l'eût fait boire, elle qui parle requit instamment et supplia d'être déliée, et qu'elle confesserait la vérité de ses crimes ». Elle ne voulut se revêtir sinon de sa chemise magique.

Quelques-uns de ses compagnons avaient dû être jugés avant elle, car maître Jehan Mautainct, examinateur au Châtelet, lui dit qu'il ne lui servirait de rien si elle mentait, « car son ami *le baron* était pendu, aussi plusieurs autres ». (Le Registre ne contient pas ce procès.) Alors, elle entra dans une éclatante fureur, disant que « ce baron était son mari ou autrement, et duc d'Egypte, et qu'il portait le nom de la grande mer bleue d'où ils venaient (*Baro pani*, signifie en roumi « grande eau » ou « mer »). Puis elle se lamenta et promit vengeance. Elle regarda le clerc qui écrivait, et supposant, d'après les superstitions de son peuple, que l'écriture de ce clerc était le formulaire qui les faisait périr, elle lui voua *autant de crimes qu'il aurait « peint ou autrement figuré par artifice » de ses compagnons sur le papier.*

Puis, s'avançant soudain vers les examinateurs, elle en toucha deux à l'endroit du cœur et à la gorge, avant qu'on pût lui saisir les poignets et les attacher. Elle leur annonça qu'ils souffriraient de terribles angoisses dans la nuit, et qu'on les égorgerait par traîtrise. Enfin, elle fondit en larmes, appelant ce « baron » à diverses reprises « et pitoyables »; et, comme le lieutenant-criminel continuait l'interrogatoire, elle avoua de nombreux vols.

Elle et ses gens avaient pillé « et robé » tous les bourgs du pays parisien, notamment le Montmartre et Gentilly. Ils parcouraient la campagne, s'établissant la nuit, en été, dans les foins, et en hiver dans les fours à chaux. Passant le long des haies, ils les « défleurissaient », c'est-à-dire qu'ils en ôtaient subtilement le linge qu'on y mettait à sécher. Le midi, campant à l'ombre, les hommes raccommodaient les chaudrons ou tuaient leurs poux; certains, plus religieux, les jetant au loin, et, en effet, bien qu'ils n'aient aucune croyance, il existe parmi eux une ancienne tradition que les hommes habitent, après leur mort, dans le corps des bêtes. La princesse du Caire faisait mettre à sac les poulaillers, emporter la vaisselle d'étain des hôtelleries, creuser les silos pour prendre le grain. Dans les villages d'où on les chassait, les hommes revenaient, par son ordre, la nuit, jeter la « droue » dans les mangeoires, et dans les puits des paquets noués avec du « drap linge » gros comme le poing, pour empoisonner l'eau.

Après cette confession, les examinateurs, tenant conseil, furent d'avis que la princesse du Caire était « très forte larronnesse et meurtrière et qu'elle avait bien deservi d'être à mort mise; et à ce la condamna le lieutenant de monseigneur le prévôt; et que ce fût en la coutume du royaume, à savoir qu'elle fût enfouie vive dans une fosse ». Le cas de sorcellerie était réservé pour l'interrogatoire du lendemain, devant être suivi, s'il y avait lieu, d'un nouveau jugement.

Mais une lettre de Jehan Mautainct au lieutenant-criminel, copiée dans le registre, apprend qu'il se passa dans la nuit d'horribles choses. Les deux examinateurs que la princesse du Caire avait touchés se réveillèrent au milieu de l'obscurité, le cœur percé de douleurs lancinantes; jusqu'à l'aube ils se tordirent dans leurs lits, et, au petit jour gris, les serviteurs de la maison les trouvèrent pâles, blottis dans l'encoignure des murailles, avec la figure contractée par de grandes rides.

On fit venir aussitôt la princesse du Caire. Nue devant les tréteaux, éblouissant des dorures de sa peau les juges et le clerc, tordant sa chemise marquée au sceau de Salomon, elle déclara que ces tourments avaient été envoyés par elle. Deux « botereaux » ou crapauds étaient dans un endroit secret, chacun au fond d'un grand pot de terre ; on les nourrissait avec de la mie de pain trempée dans du lait de femme. Et la sœur de la princesse du Caire, les appelant par les noms des tourmentés, leur enfonçait dans le corps de longues épingles : tandis que la gueule des crapauds bavait, chaque blessure retentissait au cœur des hommes voués.

Alors le lieutenant criminel remit la princesse du Caire aux mains du clerc Alexandre Cachemarée avec ordre de la mener au supplice sans plus loin procéder. Le clerc signa le procès de son paraphe accoutumé.

Le registre du Châtelet ne contenait rien de plus. Seul, le Papier-Rouge pouvait me dire ce qu'était devenue la princesse du Caire. Je demandai le Papier-Rouge, et on m'apporta un registre couvert d'une peau qui semblait teinte avec du sang caillé. C'est le livre de compte des bourreaux. Des bandes de toile scellées pendent tout le long. Ce registre était tenu par le clerc Alexandre Cachemarée. Il comptait les gratifications de maître Henry, tourmenteur. Et, en regard des quelques lignes ordonnant l'exécution, maître Cachemarée, pour chaque pendu, dessinait une potence portant un corps au visage grimaçant.

Mais au dessous de l'exécution d'un certain « baron d'Egypte et d'un larron étranger », où maître Cachemarée a griffonné une double fourche avec deux pendus, il y a une interruption et l'écriture change.

On ne trouve plus de dessins, ensuite, dans le Papier-Rouge, et maître Etienne Guerrois a inscrit la note suivante : « Aujourd'hui 13 janvier 1438 fui rendu de l'official maître Alexandre Cachemarée, clerc, et par ordre de monseigneur le prévôt, mené au dernier supplice. Lequel étant clerc criminel et tenant ce Papier-Rouge, figurant en manière de passe-temps les fourches des pendus, fut pris soudain de fureur. Dont il se leva et alla au lieu des exécutions défouir une femme qui avait été là enterrée le matin et n'était pas morte ; et ne sais si ce fut à son instigation ou autrement, mais la nuit alla dans leurs chambres couper la gorge à deux examinateurs au Châtelet. La femme a nom princesse du Caire ; elle est de présent sur les champs, et on n'a pu la saisir. Et a ledit Al. Cachemarée confessé ses crimes sans toutefois son dessein, dont il n'a rien voulu dire. Et ce matin fut traîné aux fourches de notre sire pour y être pendu et mis à mort, et *illec fina* ses jours. »

SEIZIÈME SIÈCLE

Les Sacrilèges.

LES BOUTE-FEUX

L'année devant que le roi fût pris à Pavie, il y eut par le monde de grandes terreurs. Car le jour de la Saint-Sylvestre au soir, entre neuf et dix heures, le ciel devint couleur de sang ; et il semblait qu'il fût ouvert. Toutes choses étaient illuminées par une lueur rouge ; les animaux baissaient la tête, et les plantes étaient couchées à terre. Puis il y eut un souffle de vent, et on vit au firmament une grande comète ; elle avait la figure d'un dragon flamboyant ou d'un serpent de feu. Et peu après elle alla vers les fossés de Saint-Denis, et on ne la vit plus.

Mais le même soir, passé minuit, les gens étant couchés déjà l'espace de quatre heures, parce que au mois de décembre les soirées sont longues, on entendit un émoi par les rues. Et bien y avait-il de quoi s'émouvoir; car des messagers, venus de Troyes en Champagne, disaient que la ville était presque toute brûlée. Or ils parlaient ainsi dans la nuit, sur la place de Saint-Jean-de-Grève, devant l'église; des petits garçons qui dormaient encore tenaient leurs chevaux; et leurs ceintures, leurs épées, leurs éperons reluisaient aux lanternes. Ils dirent que le feu durait depuis deux jours; le Marché au Blé était brûlé et la rue du Beffroi avec la grosse cloche fondue, et l'Etape au Vin, et l'hôtellerie du *Sauvage*, où on mangeait andouilles fermes et grasses, avec vin clairet. Les boute-feux avaient tout allumé, de leur mixtion infernale, qui était de poudre à canon, avec du soufre et de la poix. Personne n'avait pu les voir ou les saisir; et il était à présumer qu'ils étaient de Naples et qu'ils allaient en grand mystère brûler toutes les bonnes villes du royaume. On disait, environ la Noël, que Paris était plein de Marrabais italiens qui prenaient les petits enfants secrètement et les tuaient pour en avoir le sang. Et semblablement ces boute-feux étaient de la même secte et confession.

Le prévôt et les échevins, vêtus de leurs robes mi-partie, avec les conseillers de la ville, quarteniers, sergents, archers, arbalétriers, et hacquebutiers avec leurs hoquetons, sortirent incontinent, portant des falots; et ausssitôt fut enjoint et déclaré publiquement qu'on mènerait le guet de nuit par les rues, ce qui fut fait. Et le lendemain on conduisit au gibet un homme inconnu, dont il semblait à un tavernier de la rue Saint-Jacques qu'il eût renié Dieu, et qui ne voulut rien dire devant le lieutenant de la prévôté ni devant le Parlement. Il fut monté sur une mule depuis la Conciergerie, bonnet en tête, vêtu d'une robe de drap frisé, de couleur tannée ou enfumée, avec un sayon de camelot, et on fit son cri en trois fois devant les gens du guet, à cheval ou à pied, et le peuple de Paris. Lui fut baillé pain et vin devant l'église des Filles-Dieu, comme de coutume; et on lui donna dans la main une croix de bois, peinte de rouge. Puis lui fut son bonnet ôté, pour qu'il montât au gibet tête nue.

Et cette exécution rendue au plaisir de Notre Seigneur, on fit diligence la nuit avec falots, lampes et chandelles pendues aux portes et gros guet à pied et à cheval de cinq ou six cents hommes de la ville. On ne savait où aller, de peur. La coutume n'étant pas d'avoir les rues et ruelles éclairées, les porches, embrasures, et coulées de pierre semblaient plus noires. Et tantôt il y passait des archers qui secouaient leurs torches. Les lumignons brillaient aux petits carreaux après le couvre-feu, qui était grande nouveauté. Les images de Notre-Dame étaient illuminées d'un falot, avec garde spéciale, certains d'une secte hérétique ayant mutilé les saintes images en divers lieux.

Le lendemain, on dit par les rues et dans les boutiques, mêmement chez les barbiers, qu'il était entré dans la ville quatre ou six hommes que l'on ne pouvait reconnaître, car ils changeaient tous les jours d'habillement. Une fois ils étaient vêtus en marchands, une autre en aventuriers, puis en paysans ; parfois ils avaient des cheveux sur la tête, et parfois ils n'en avaient pas. Et toutes gens dirent qu'ils guetteraient curieusement ces hommes, étant certain qu'ils n'étaient autres que les boute-feux, venus à grand mal et danger. Mais quelque diligence qu'on eût, au soleil levant plusieurs maisons furent trouvées marquées de grandes croix de Saint-André noires, qui avaient été faites, la nuit, par des gens inconnus.

Toute la ville était perdue. Et de par le roi, le cri fut fait à son de trompe, par tous les carrefours, que les aventuriers, gens de peu, faux mendiants et traîneurs de rues, vidassent les lieux, sur peine de la hart. Plusieurs gens du commun fuyaient devant les crieurs ; et, à la fin, il y eut une troupe qu'on mit dehors sur la grand'route, par la porte Baudoyer.

Parmi ce menu peuple, il y en eut trois : Colard de Blangis, Tortigne du Mont-Saint-Jean et Philippot le Clerc, qui, doutant la rigueur de justice royale, restèrent sur la route, hors la ville. Ils étaient d'assez pauvre renommée, mais plus mauvaise mine, et craignaient, le peuple étant inquiet et soulevé par la terreur des boute-feux, d'être meurtris par les rues. Et ils n'avaient pas non plus conscience blanche, pour divers testons et florins au chat frappés à coins non pas royaux, et dont ils avaient échappé bien difficilement à être bouillis sur le Marché aux Pourceaux.

Ces galants donc, après avoir été sur les champs quelques jours en ça, commencèrent à souffrir de faim, soif et froid ; d'autant que le pays étant en friche, et les oiseaux tombant morts par la gelée (ceux qui étaient restés), il n'y avait ni fruits de la terre ni gibier du ciel. Alors les galants mirent bâton au poing et marchèrent de façon guerrière, disant qu'ils allaient aux guerres du roi, ou, autrement, dans les marches de Guyenne, et qu'ils étaient contraints, pour manque de solde, de vivre sur le plat pays et les passants.

— Il est si vrai, disait Tortigne, que je vais en guerre, qu'il me court sur les talons vingt et cinq gens du guet, archers ou arbalétriers, ou autrement je faux. Et ils n'ont point d'autre but que de me joindre et de marcher avec moi ou moi avec eux. Ce sont gens fort polis et prévenants ; ils m'ont déjà fait asseoir dans des chaises, de façon très commode, qu'ils ont et qu'ils nomment ceps.

— N'as-tu point, dit Colard, été tourné au pilori? C'est une mode nouvelle de choisir femmes ; elles vous viennent regarder, et messire le valet vous tourne vers la figure de chacune d'elles.

— Insigne réjouissance! reprit Philippot, j'y fus trois fois ; et la dernière j'avais choisi une dame de bonne façon, vêtue à la mode espagnole. Elle avait sur elle un ciel d'or frisé, en tête une crépine de drap, faite de papillons d'or, où étaient ses cheveux qui lui pendaient par derrière, jusqu'aux talons, entortillés de rubans; un bonnet de velours cramoisi, une robe du même, doublée de taffetas blanc, bouffant aux manches au lieu de la chemise, les manches couvertes de broderies d'or. Sa cotte était de satin blanc, forcé d'argent battu avec nombre de pierreries.

— Et tu eus le loisir, dit Colard, d'examiner et tenir en mémoire ces divers habillements? Tu mens, par la sanglante mort-Dieu.

— Voire, répondit Philippot, et ne jure qu'à bon escient. Car le valet du bourreau m'arrêta devant la dame, de grande diligence, afin que le page de cette belle dame de mon choix et volonté pût me cracher commodément dans la figure. »

Ainsi devisant dans leurs galles, et plumant la poule sans crier, ils vinrent sur les basses marches du Poitou. Là, ils contrefirent les hommes de guerre jusqu'en une église paroissiale, près de Niort. Ils entrèrent, criant et jurant; le prêtre disait une messe basse, vêtu de son aube. Ils prirent les vases de cuivre, d'étain et d'argent, quoi qu'il pût leur dire. Puis ils lui commandèrent de monter chercher le saint ciboire, au moins la coupe, qui était d'argent doré. Ce que le prêtre refusa. Sur quoi Tortigne lui attacha son aube sur la bouche, tandis que Philippot prenait le saint ciboire sur l'autel. Et, trouvant dans la coupe le *Corpus Domini*, ils le mangèrent solennellement tous trois, prétendant avoir faim, et qu'ils communiaient et se remettaient le péché qu'ils venaient de commettre.

Puis ils descendirent dans une auberge basse, où l'on tournait bride à la fourche de deux chemins. Mais voulant boire, Colard vomit le vin; Tortigne resta comme étonné, son verre dans la main, et Philippot laissa choir le sien. Ils devinrent fort blancs, et, disant qu'ils étaient saoûls de ce qu'ils avaient mangé à l'église, ils tombèrent autour de la table en diverses façons. Et, tout à coup, on vit que des fusées de fumée grise, épaisse, puante, jaillissaient de la gorge de Colard, du dos de Tortigne, du ventre de Philippot; à quoi l'on aperçut qu'ils brûlaient, et bientôt ils furent entièrement consumés, leurs figures et leurs membres étant noirs comme du charbon. Ce qui fut commenté par les gens du pays de manière variée; mais il est hors de doute que ces trois galants, ayant été marqués pour être punis à cause des boutements de feux, tombèrent, par grâce divine, dans leur sacrilège : car ils furent brûlés.

DIX-HUITIÈME SIÈCLE

La Bande à Cartouche.

LA DERNIÈRE NUIT

Sur ses vieux jours, Jean Notairy du Bourguet s'était retiré près d'Aix. Il avait vendu sa boutique après une vie aventureuse à moitié passée aux galères. Toujours vêtu de culottes noires, habit marron, il prisait dans une tabatière d'argent richement armoriée, en plissant sa figure sèche et ridée. Sa femme était aussi ratatinée que lui. On ne savait s'ils étaient mariés. Il ne l'appelait que « madame Bourguignon » et lui témoignait le plus grand respect. Elle avait encore de beaux yeux noirs et regardait fièrement les paysannes. Tous deux vivaient à l'écart; Jean Notairy du Bourguet avait été accusé de complicité d'assassinat dans la bande à Cartouche; on n'avait pu le condamner que pour des vols. Il n'en avouait qu'une partie; mais entre deux verres de blanquette, il racontait volontiers, d'une voix cassée, l'histoire de la fin.

« C'était un terrible homme que ce Cartouche, disait-il. Le jour, il avait une grosse figure blême ; il était superbement mis, et portait toujours un bel habit gris-blanc, à boutons d'argent, avec une épée à fourreau de satin. Mais la nuit, en chasse, il était petit, noiraud, souple comme un furet, méchant comme une gale. C'est lui qui a refroidi Jean Lefèvre, une mouche qui l'avait dénoncé ; il lui a coupé le nez et le cou, ouvert le ventre et tiré les tripes. Charlot le Chanteur a eu une mauvaise idée : il a attaché dessus une carte très bien écrite, avec ces mots : « Ci gît Jean Rebâti, qui a eu le traitement qu'il méritait : ceux qui en feront autant que lui peuvent attendre le même sort ». Après cela, rien n'a plus marché. Auparavant, on rôdait toute la sorgue, avec la figure passée à la suie ; Balagny et Limousin barbotaient les gens trop riches, — et ceux qui criaient on les débarbouillait à l'eau-forte. Mais depuis qu'on eut rebâti cette mouche, il fallait passer à l'aveuglette de tapis en tapis ; ce n'était pas facile ; Cartouche était galant : madame Bourguignon en sait quelque chose. Il avait toujours au moins deux dames, une à chaque bras, avec de belles robes de damas. Ceci était gênant ; il fallait les faire boire : et tous les cabaretiers nous remouchaient. Ensuite Du Châtelet, qui était aux gardes-françaises, s'est fait arquepincer. Nous étions fort bien, lui et moi ; c'était un garçon de qualité ;

mais il a pris peur, et le Ministre de la Guerre, M. Le Blanc, a tout su par lui.

« Dans ce temps-là, j'étais extrêmement affuté, et j'avais l'oreille de Cartouche. Il aimait deux femmes : la petite brune qui a été rouée, et la Chevalière. Je lui dis : « Dominique, nous ne nous tirerons pas de là avec tes deux largues ».

— Sois tranquille, dit Cartouche ; nous ne sommes pas encore pris, et si le moment arrive, Petit Gascon, tu m'en planqueras une.

« On ne savait plus où aller. Toutes nos piolles, tous nos cabarets étaient traqués. Les Porcherons ne valaient plus rien. Savard, à la Haute Borne de la Courtille, avait déjà invité les gens d'épée qui nous gaffaient chez sa voisine, madame Ory, à venir souper d'un dindon, avec Cartouche. Ce Savard était un vilain homme, et couard ; il avait été pourtant affranchi ; mais il mangeait aux deux râteliers. Malgré cela, c'était encore le plus sûr. Toute la bande battait la dèche, maintenant que nos coups étaient épiés, et il nous donnait encore à croustiller, avec du bon vin, dans la chambre du haut. On couchait à la Courtille plus souvent qu'on n'en descendait ; et nous restions enfermés, à boire et à jouer aux cartes. Pour Cartouche, il avait ses deux dames ; Blanchard, Balagny et Limousin se rongeaient les doigts de ne rien faire.

« Le dimanche treize octobre — je m'en souviens bien, c'est jour de malheur, — nous montons au Pistolet chez Savard. Cartouche s'était décidé à planquer sa brune dans une maison de la Maubert. Il devait retrouver la Chevalière là-haut. Ce soir-là, le ciel était couvert; il bruinait.

— Où est donc Du Châtelet? dit Cartouche brusquement.

« Personne ne répondit mot.

— Savard, où est Du Châtelet? répéta Cartouche en entrant dans l'auberge.

« Savard la fouine sourit, en allongeant sa grande figure jaune : « Il doit être de garde ce soir », dit-il.

— De garde, il n'y aura plus de garde pour lui! cria Cartouche. Il a mangé le morceau; tu sais, Savard, si tu es avec lui pour nous coquer, j'ai six pistolets ici, il en restera toujours un pour toi.

— Là là, dit Savard, ne vous fâchez pas, maître Dominique, et montez voir la Chevalière, qui vous attend.

« Nous montons; la Chevalière était en haut. Voilà Cartouche qui se ragaillardit; on fait venir des chopines, nous fermons les rideaux, nous allumons les chandelles. Savard chantonnait en rangeant les assiettes pour nous faire souper :

> « J'ai du chenu pivois sans lance
> Et du larton savonné,
> Une lourde, une tournante,
> Lonfa malura dondaine,
> Et un pieu pour roupiller,
> Lonfa malura dondé. »

« Quel traître, ce Savard! Sans faire mine de rien, il s'était entendu avec le Lieutenant-Criminel et le

Ministre. Cartouche l'avait menacé pour lui faire peur : mais il ne croyait pas être sitôt trahi.

« On soupe donc toute la nuit, on boit à foison ; Cartouche et la Chevalière se disaient des galanteries, se saluaient et buvaient ensemble.

« Vers patron-minette, comme on allait se coucher, voilà Messié Flamand qui arrive. Sa figure grasse était blanche de terreur. « Vous savez, vous autres, dit-il, « Du Châtelet est pris. Son capitaine sait tout. Il a « dit que nous avions étripé Jean Le Fèvre. Capistan « Dominique, vous êtes filé. »

— Bah! bah! dit Cartouche, si Du Châtelet a coqué, nous lui ferons son affaire. Va-t-en si tu veux, Flamand, nous en avons vu de plus dures. A l'hôtel de Soissons, je croyais bien être pris : j'ai fait la nique au guet. Vertu-Dieu! nous laisserons-nous ceinturer à la Courtille? Allez! allez! Flamand, cachez-vous bien ; nous autres, nous restons.

« On boit encore, mais de moins bon cœur. Nous cartonnons sur les tables graisseuses ; je n'avais guère la tête au jeu. Cartouche s'excitait. Quelqu'un frappe à la porte. C'était Saint-Guillain, les cheveux hérissés, rouge et ivre. Il raconte en hoquetant que le guet était sur pied, une compagnie en route avec des ordres du Ministre ; on ne voyait pourtant de soldats nulle part. D'un coup de pied, Cartouche le jeta en bas de l'escalier et reprit rageusement les cartes. Mais ses yeux erraient vers le feu, et il regardait souvent la Chevalière.

« La nuit arriva, et Savard nous monta du rhum. Les petites vitres encastrées de plomb tintaient sous la pluie, et les rafales sifflaient dans les jointures des portes. Charlot le Chanteur se roula dans son manteau et se fourra dans le lit. Balagny et Limousin buvaient chopine près de la cheminée : Cartouche cessa de baiser sa Chevalière et se tourna vers eux :

— Ho ! les amis, dit-il, que faisons-nous ? Ces diables n'oseront venir nous prendre ici.

— Ma foi, capistan, répondirent les autres, à toi le soin. Nous boirons du pive, en attendant.

« Là-dessus, Savard fit monter Ferrond, le bras droit de Cartouche. Celui-là dit posément que Du Châtelet menait une troupe en habits gris, avec les sergents de Bernac, la Palme et Languedoc — mais qu'ils ne seraient pas rendus avant onze heures du matin. Nous étions environ huit heures et demie. Le jour d'hiver était encore bas.

— Bien, dit Cartouche, cette fois-ci c'est sérieux. Ferrond, tu vas descendre gaffer dans la rue Blanche : Balagny et Limousin, vous êtes sâouls — vous ne seriez bons à rien ; restez boire chopine au coin du feu et préparez vos jambes.

« Puis, se tournant vers moi et mettant le bras autour de la taille de sa maîtresse :

— Petit Gascon, dit Cartouche, Petit Chevalier, je vous connais pour noble et généreux ; voici la Chevalière, que je vous confie ; s'il vous plaît, ayez-en grand soin — et souvenez-vous de me la rendre, quand je viendrai la chercher. — Mais avant, belle Chevalière, je veux t'asservir : tu ne seras qu'à moi. Je vais te mettre un suçon qui te fera rester fidèle.

« Il tira son couteau et la marqua de la première lettre de son nom à l'épaule. Le sang jaillit, la Chevalière se mordit les lèvres, les larmes aux yeux, mais ne dit mot. »

Quand Jean Notairy du Bourguet en venait là, le regard de madame Bourguignon brillait d'un soudain éclat; puis elle se mettait à sangloter dans son mouchoir de batiste.

« Alors, continuait-il, je pris la Chevalière et je descendis promptement. Savard était sur le seuil et semblait attendre. Comme nous filions par derrière, j'entendis des pas lourds et la voix de Du Châtelet.

— Y a-t-il quelqu'un là-haut, demanda-t-il?
— Non, dit Savard.
— Petit y est-il? reprit Du Châtelet.
— Non, dit Savard.
— Ces quatre femmes y sont-elles?
— Oui, elles y sont, répondit le traître.

« Sur l'instant, il se fit un bruit de mousquets battant les marches de l'escalier, et je sus que les quatre femmes étaient Blanchard, Balagny, Limousin et Louis-Dominique Bourguignon, dont le faux blaze était Cartouche : c'était le mot du guet, et ils étaient pris. — La Chevalière poussa un cri, et je l'enlevai.

« Je l'ai mise en lieu sûr. J'ai été arrêté après, et jugé aux galères. On dit que Cartouche a été roué et rompu vif; je n'en crois rien — un tel homme ne peut mourir. Il s'est échappé et reviendra quelque jour me redemander sa maîtresse. Et moi, Petit Gascon, foi de chevalier, je lui ai fidèlement gardé sa Chevalière — n'est-ce pas, madame Bouguignon ? »

Alors cette petite vieille ratatinée relevait ses beaux yeux encore noyés de larmes, écartait sa collerette et montrait son épaule gauche, très blanche. Juste au-dessus du sein on voyait deux cicatrices pâlies, dessinant les contours grossiers d'un D et d'un C. Elle portait le dernier coup de couteau de Cartouche.

LA RÉVOLUTION

Les Chauffeurs.

FANCHON-LA-POUPÉE

Je fis la connaissance de cette fille en 1789. Et malgré les terribles événements qui m'ont privé de mes biens et de ma patrie, malgré quinze années traînées dans cette ville d'Allemagne où il pleut sans cesse, où j'ai froid et faim, son souvenir me cause encore un trouble étrange. J'aime à me figurer, au milieu des filles blondes, de peau rouge et de corsage mou qui m'entourent, sa forme gracieuse, ses membres nerveux, sa chevelure noire et ses yeux pleins d'ombre. Elle avait une voix douce et railleuse, de charmantes manières. C'était une fille bien au-dessus de sa condition. Ici les servantes d'auberges lapent dans votre verre et vous écrasent sur la bouche leurs lèvres peaussues, en vous donnant à boire. Mais cette jolie ravaudeuse avait fréquenté dans le monde;

elle aurait pu, mieux qu'une autre, figurer avec distinction à l'Opéra, au ballet ; on eût causé d'elle au café de la Régence. Elle préféra mener une vie obscure pour perdre ceux qu'elle aimait.

Certes, j'ai cru assez longtemps être l'homme de qualité qui occupait ses idées. J'avais la taille agréable, d'assez beaux yeux, un sourire perfide ; ma jambe était bien faite — et n'est-ce pas ce qui séduit une ravaudeuse ? Mon amour tint aux mailles de mon bas de soie, à un baquet rencontré dans la rue Saint-Antoine, à un refrain gaîment roucoulé :

>Dans les Gardes-Françaises
>J'avais un amoureux...

— Vraiment ? dis-je : c'est un bel uniforme.

— Ah ! monsieur, repartit la jolie ravaudeuse, j'en raffole... Ne croyez pas que j'aie un greluchon... Dieu merci ! La Tulipe ne mange pas de ce pain-là... Monsieur, vous avez une maille rompue à la jambe.

— De grâce, repris-je, permettrais-je qu'une si jolie main...

— Monsieur, dit la ravaudeuse en levant son aiguille, je ne suis qu'une fille du commun. Et elle rougit. Tandis qu'elle reprenait la trame, et que sa main fort légère frôlait mon mollet, je lui fis conter ses amours. Je lui dis qu'il était inconcevable qu'une beauté aussi frappante n'eût trouvé des adorateurs ; que le garde-française La Tulipe pouvait être un garçon de cœur — mais qu'il devait sentir la pipe et le vin de barrière. Un chapeau de dentelle, une robe à falbalas, du beau damas, des rubans pour attiffer le tout; quelque petit diamant de prix au doigt, quelque couple de perles aux oreilles, — et l'excellent La Tulipe irait conter ses peines au tambour La Ramée, en buvant un coup de bran-de-vin.

Mais Fanchon — c'était le nom de la jolie ravaudeuse — secouait la tête en riant. Cette fille me parut une sorte de bizarrerie philosophique, une espèce de fée Diogène qui voulait rester dans son baquet, tandis que le monde allait à vau-l'eau. J'eus l'idée de la faire causer : elle parlait d'un fort bon langage; quoique ravaudeuse elle n'avait point l'horrible ton des Halles et son goût était fortifié par quelque lecture, ce qui me surprit. J'eus le soin de fendre tout le côté de mon bas, à quelque jours de là, pour revoir Fanchon la ravaudeuse. Elle avait les yeux rouges et répondit à peine aux questions que je lui fis. Je la pressai de demandes; enfin, elle avoua que La Tulipe m'avait vu avec elle.

— Il m'a saboulée, monsieur, me dit-elle en sanglotant; et ce mot, que sa vive émotion fit échapper, me donna à entendre toute l'influence que l'affreux La Tulipe possédait sur cette jolie fille.

— Ce sont les autres qui lui apprennent, continua ma tendre ravaudeuse : il n'a pas plus de rancune qu'un agneau.

Je ne me tins pas de sourire. « Eh quoi, dis-je, un agneau garde-française? »

— Vous vous moquez, monsieur, reprit la jolie ravaudeuse, en s'essuyant les yeux avec un mouchoir fin; mais La Tulipe est bon chanteur, ses camarades l'emmènent au cabaret, et je supporte, hélas! les leçons qu'on lui donne.

J'entrepris de consoler Fanchon. Je lui représentai son imprudence; car il n'était pas douteux que son amant ne cédât à l'entraînement. Les autres soldats l'emmèneraient chez quelque catin, et Fanchonnette paierait la dépense. Elle rougissait et pâlissait tour à tour, voyant que je parlais sérieusement. A la tombée de la nuit, la jolie ravaudeuse quittait son baquet avec deux larmes dans les yeux. Quant à La Tulipe, elle ne le prévint pas de sa trahison. Eut-elle dès lors quelque arrière-pensée? Tout cela était-il concerté? Fus-je la dupe d'une cruelle comédie? Je le croirais... et cependant...

Pendant deux ans, ce fut Fanchon-la-Poupée. J'avais pris un nom d'odeur républicaine; mes précautions étaient infinies; mes fermiers payaient à des hommes de paille qui me donnaient du «citoyen». Toute ma famille avait passé la frontière; on me pressait de partir. Je restais pour Fanchon-la-Poupée. Nous menions joyeuse vie, tout en nous tutoyant. Il y avait de belles fêtes et des bals étincelants. La machine de Guillotin faisait rage, mais 'avais le cœur plein d'un oubli radieux. Mes amis de plaisirs donnèrent à ma jolie ravaudeuse le nom de Fanchon-la-Poupée. Elle était mignarde et remplie d'affèterie, et semblait m'aimer autant que chose qui fût au monde. Mais une poursuite me donna bien du tourment. Nous ne pouvions sortir sans être escortés à quelques pas en arrière par un garde-national maigre, haut, avec un terrible nez en bec d'aigle. C'était La Tulipe. Tantôt cet homme nous considérait en ricanant, quand il était à jeun; tantôt il se précipitait vers nous en jurant, s'il avait bu. Souvent Fanchon revenait tremblante de chez une amie et me disait, sa jolie figure bouleversée, qu'elle venait d'être pourchassée en pleine rue par la Tulipe, brandissant un long couteau. D'autres fois, il nous guettait dans les cabarets des coins de rue, attablé avec des gens de mauvaise mine. La nuit, Fanchonnette se réveillait de frayeur en criant : il n'était pas méchant, disait-elle, mais il voulait lui donner un mauvais coup, parce qu'elle l'avait quitté. Hélas! serait-elle donc poursuivie à jamais? — Quelques années auparavant, j'eusse pu facilement me débarrasser de cet homme; aujourd'hui, il était plutôt mon maître que je n'étais le sien.

Cependant l'argent que je donnais à Fanchon-la-Poupée disparaissait rapidement. Elle ne faisait pas de dépenses exagérées, mais le milieu du mois la trouvait à court, et la fin du mois la surprenait m'implorant.

— Malheureuse que je suis, pleurait la jolie ravaudeuse, comment voulez-vous, monsieur, que j'arrive avec ce que vous me donnez; j'étais plus tranquille et plus gaie, l'aiguille à la main! — Puis, se reprenant : « Ah! que deviendrais-je si vous m'abandonniez! Il faudrait céder à l'horrible La Tulipe, et ce monstre me tuerait. » Ces alarmes m'effrayaient et me faisaient pitié; je pleurais avec la pauvre Fanchon.

Comme je revenais un soir de la comédie, j'entrebâillai, avant de me mettre au lit, la porte de ma cuisine. Un léger filet de lumière fuyait le long du seuil, et il me semblait entendre un bruit de voix. Par l'ouverture, j'aperçus le dos bleu et les revers rouges d'un garde-national assis sur la table; ses jambes se balançaient; et, lorsqu'il tourna la tête vers la chandelle, je reconnus la figure basanée et décharnée de La Tulipe. Il fumait une pipe de terre blanche et buvait du vin à même le pot. Fanchon-la-Poupée, ma jolie ravaudeuse, debout devant lui, les mains croisées, le regardait en souriant, les joues rouges et l'œil excité.

J'appuyai l'oreille au chambranle, et voici ce que j'entendis. Le garde-national disait, après avoir tiré l'oreille au cruchon :

— Fanchon, ton vin est bon; mon pot est vide. Pense à ce que j'ai dit. Il me faut de l'argent demain; M. le marquis en donnera, ou nous lui parlerons des autorités. — Le drôle était ivre. — « Allons, Fanchon, un pas de deux, je t'enlève comme une plume. Je veux

> Boire encore un petit coup
> De co tant doux bran-de-vin.
> Je veux boire à Fanchonnette,
> Buvons donc à ma catin.
> Baisons-nous en godinette,
>   Mon enfant,
>   Fiche-moi le camp !

Il embrassa ma jolie ravaudeuse sur les lèvres, vida sa pipe à petits coups sur son ongle, cracha en se dandinant, et, debout, se dirigea vers la porte. J'eus à peine le temps de fuir vers l'escalier : le misérable m'eût dénoncé.

— Cruelle, cruelle Fanchonnette ! disais-je en pensant à sa trahison. Est-ce pour cela que j'ai tant souffert, que j'ai tout perdu ! La Tulipe, une valetaille qui sent mauvais ! Hélas ! Fanchon-la-Poupée, pourquoi m'avoir aimé, pourquoi m'avoir fait verser des larmes?

Comme j'achevais ces paroles, la jolie ravaudeuse entra. Elle jeta un cri de surprise, vit mes pleurs, et, tremblante, elle comprit tout. Elle voulut parler; mon regard indigné l'arrêta.

— Oui, dit-elle enfin, je vais rejoindre celui qui m'aime. A ravaudeuse il faut garde-national.

> Baisons-nous en godinette,
>   Mon enfant,
>   Fiche-moi le camp !

Je demeurai atterré, tandis qu'elle sortait en souriant gracieusement. Toute la nuit, je versai des larmes amères ; mais le matin, au saut du lit, les gens des républicains vinrent m'emmener. Sans doute la cruelle fille m'avait trahi. Je ne le sus jamais. J'ai raconté ailleurs comment j'échappai par miracle, comment je réussis à franchir la frontière et à rejoindre mes parents à Dresde. La Providence ne fut pas étrangère à ma destinée, mais elle punit bien sévèrement la traîtresse Fanchon.

Voici comment j'appris son sort. L'an VIII de la nouvelle ère, on exécuta à Chartres d'affreux brigands qui couraient la campagne. Parmi les juges se trouvait un de nos amis qui nous vint voir en Allemagne. Il me dit qu'il avait été fort remué par une belle fille qui vivait avec ces gens et se nommait Fanchon. Elle avait aidé à dénoncer ses complices ; le lieutenant Vasseur s'en était épris. Mais elle n'avait eu que l'intention de faire saisir un grand homme maigre, au nez en bec d'aigle, qui avait été soldat. Cet homme paraissait avoir été son ennemi ou son amant : car elle exhalait les fureurs d'une femme jalouse. Sitôt ce « chauffeur » arrêté, cette étrange Fanchon disparut.

— Et l'homme au nez en bec d'aigle ? — demandai-je à mon ami.

— Lui ? — il alla *jouer à la boule* sur la grand'place de Chartres.

Tel est le nom que ces brigands donnaient à la guillotinade.

PODÊR

Il s'appelait Jean-François-Marie Podêr, — ou du moins c'était le nom inscrit sur son livret. Les camarades l'appelaient Jean-Marie Nigousse. Il avait des yeux clairs, gris, sans fond, un nez épaté et des dents pointues; trapu et large d'épaules, il marchait comme un canard. D'ordinaire, il tirait sa flemme sur son lit qu'il avait poussé dans le coin de la chambrée comme le plus ancien. Souvent il manquait à l'appel du soir : c'est qu'il était parti en bombe. Il y restait cinq jours et revenait le sixième, avant d'être porté déserteur. En rentrant, il mettait pantalon de treillis, bourgeron, callot, et allait trouver l'adjudant à la salle des rapports. Le lendemain, il était saoûl au balayage, trouvant toujours moyen de se faire apporter une cruche de vin de la cantine à la prison, et à l'œil. Dans le Mazarot, il avait son coin, sa couverte, et son bout de bat-flanc ; et sous le ressaut de bois qui sert d'oreiller sa blague à tabac, un saucisson et une chandelle. Quand l'adjudant râflait le fourniment, il descellait une dalle et se creusait une cave à provisions.

Il était l'ami du trompette Guitô, qui ne parlait presque pas français, un brun maigriot à moustaches naissantes. Le soir, souvent, après l'extinction des feux, ils restaient tous deux à causer du pays, assis sur un lit, les jambes pendantes — Guitô sur le pied — Podêr à califourchon contre le traversin, avec une gamelle de rata dans la fourchette de ses cuisses. Je devins leur compagnon, une nuit qu'on jouait à attraper d'un coup de dents une pomme de terre pendue à la planche à pain, avec une chandelle fichée au milieu. Guitô y mordit d'aplomb, comme une petite bête sauvage, puis proposa, avec son rire breton :

— Toi payer bouteille de rhum ; moi boire comme une vache.

Et après la bouteille, on sauta le mur. Avec la voiture de la cantine, une corde à fourrages attachée à la galerie extérieure, c'est vite fait. Hors de la grille du quartier, on passa dans l'ombre de la guérite, loin de la lanterne du poste — et puis le long du mur. — Et en route pour la *Vigne en fleur*, pour jouer au trois-sept, boire du rhum, prendre des états-majors, et regarder la petite bonne.

Quand le régiment partit pour le camp, il nous fallut, à Podêr et à moi, nous appuyer la route à pattes. Le soleil de juillet tapait dur ; nos figures rouges et moites étaient plaquées de poussière blanche. C'était une poudre fine qui empâtait la langue et « groulait » sous les dents. Alors Podêr me « tapa au frique », autrement il me chinait de la braise de bouchon en bouchon pour lamper des bolées. Et il devint mon ami dévoué. Il avait trimardé, le bon Podêr. Il avait mangé de la grand'route à coups de souliers, et dormi dans le fossé, le derrière à l'air. Il avait « croûté » un peu n'importe comment, des fois sur le pouce, des fois pas du tout.

— Vois-tu, bleu, disait-il, les trimardeurs, ça n'a pas de veine. Aujourd'hui qu'il y a des cheminots pour mener le monde dans des wagons, les pétrousquins ne vont plus en campagne. Je voudrais me mettre dans le commerce. Quand la petite sera sortie de condice, nous aurons une roulotte.

La petite était en condition dans un château près de Quimperlé. Les monsieurs étaient très avares et ne lui donnaient presque jamais à manger — un peu de groux, de temps en temps. C'était de la canaille, des gens qui avaient tant d'instruction !

Podêr me racontait cela en m'enseignant à jouer au foutreau, un jeu terrible qu'il avait appris je ne sais où. M. Foutreau dirige le jeu par l'intermédiaire d'un mouchoir avec un gros nœud. Quand on insulte le Roi-Major, ou d'autres vénérables en cartes, le mandataire de M. Foutreau s'écrie : « Quinze coups gras à Monsieur ! — Quatre coups maigres à Monsieur. » Et après cette punition, qu'il fixe comme il l'entend : — Honneur à Monsieur Foutreau, et en avant le jeu ! » J'ai su depuis que le foutreau se jouait dans la clique à Cartouche. Podèr y était merveilleusement fort. Les bandes de garçons de cambrousse qui partent à la détrousse des paysans lui avaient donné une solide éducation.

Souvent il s'arrêtait de jouer et songeait un instant ; il murmurait : « Quand la petite sera sortie de condice »; puis, se reprenant : « Honneur à Monsieur Foutreau, et en avant le jeu ! »

C'était son rêve, cette roulotte. Le bonheur à deux par la nuit noire, dans la campagne, sous la bâche frissonnante, avec une petite femme qu'on tient serrée contre soi. Sans compter qu'on peut gagner dans la partie. Un soir, au camp, il me tira les pieds sous la tente ; il était terriblement saoûl.

— La petite est arrivée, me dit-il en hoquetant ; elle est dans la turne de la mère Legras : — veux-tu venir la voir ?

Le cabaret avait un plancher de terre battue ; deux petits cochons y grouillaient ; on tirait le cidre mousseux à même le tonneau. Dans l'âtre, accroupie, était une petite Bretonne aux pommettes saillantes, aux cheveux mêlés, à la taille courte ; elle leva timidement sur moi ses grands yeux noirs.

— T'es encore bû, Jean-François, dit-elle, en l'entourant de ses bras — méchant !

Et Podêr alors lui marmotta des paroles tout bas, et s'assit près d'elle. Moi, je buvais du cidre dans les bols de faïence peinte, en regardant les cochons et la mère Legras.

Quand nous sortîmes sous les étoiles, Podêr me disait : « Elle est gironde, la petite, hein ? Mais je n'ose pas ; elle va retourner au château : c'est pas encore le moment de se tirer. Nous aurons une roulotte, tout de même. » Et le long de la route, au clair de la lune qui découpait par les haies de grandes plaques d'ombre sur la poussière blanche, Podêr me parlait de la petite et de la vie qu'ils auraient : — Et fini de rouler sa bosse — et on aura un chez soi dans sa bagnole — c'est-y-pas vrai ?

Le lendemain soir, à l'appel, mon ami Podêr était parti en bombe. Après, il entra en prison. Je le vis quelques jours, le balai à la main, le callot sur l'oreille, derrière la brouette. Il fit la marche forcée, avec paquetage sur le dos, du camp jusqu'au quartier.

Et puis, un soir, je me réveille dans mon lit, la lueur d'une chandelle sur le nez. Dans le rond de la lumière je vois la figure de Podêr, marbrée de taches rouges avec deux yeux luisants.

— Donne-moi cent sous, bleu, veux-tu ? me soufflait-il. Nous nous tirons avec la petite.

Machinalement je passai la main sous mon *fantassin* et je lui tendis la pièce. Puis, me retournant, j'entendis les pas de Podêr, descendant doucement l'escalier ; je pensai : « Il m'a tapé ». Puis, me rendormant, je crus voir filer sur la route blanche, à la lumière de la lune, Podôr et sa petite assis l'un près de l'autre, sur la banquette de leur carriole. Le petit cheval trottinant devant secouait ses deux plumeaux, et l'ombre fugitive de la roulotte courait le long des fossés. Et le trimardeur avec sa copine étaient heureux sous la bâche clapotante.

Je n'ai plus jamais revu depuis Jean-François-Marie Podôr.

LES NOCES D'ARZ

Nous étions arrivés, mon cheval et moi, à la pointe extrême qui plonge, sous Bader, dans la mer du Morbihan. Ma bête huma l'air salé, allongea le cou et se mit à arracher les rares bruyères qui poussent dans les fentes des rochers. Au-dessous de nous, le tertre s'abaissait en langue effilée jusqu'au ras de l'eau. Je mis pied à terre, et, menant mon cheval par la figure, je cherchai une cabane pour l'attacher. Un maigre enclos où végétaient quelques herbes rongées se dessinait un peu plus bas, avec une cahute boiteuse; je nouai mes rênes à un anneau rouillé et je poussai la porte, dont le loquet pendillait. Une vieille vêtue de noir se leva d'un lit à bahut où elle était à demi étendue. Quand je voulus lui parler, elle me fit signe qu'elle était sourde et muette. Elle me montra sa robe noire et je compris qu'elle était veuve : il n'y avait pas d'homme pour chercher de l'eau à mon cheval. Les cloches tintaient au loin pour vêpres : elle allait en ville renouveler sa provision de tabac à priser, dans une tabatière à queue de rat. Mais mon cheval resterait bien tout de même l'après-dînée à l'ombre, dans la cahute, s'il ne se battait pas avec le cochon, seul être vivant d'alentour.

Alors je descendis doucement jusqu'à la petite jetée de quartiers de roc pour attendre le passeur. De l'autre côté de la nappe d'eau qui venait lécher les galets, l'île aux Moines s'allongeait avec ses prairies pelées et ses murs de pierres sèches en ruines. On voyait pointiller au fond les maisons grises et un bout de clocher. La chaleur du jour s'apaisait un peu ; un calme délicieux s'étendait sur moi, quand j'entendis craquer le goëmon sec. C'était une petite fille qui descendait la jetée ; elle pouvait avoir quinze ans. Sa figure était hâlée et parsemée de taches de rousseur ; ses cheveux retenus par un fichu ; un brin de ruban flétri voletait à son corsage ouvert, et elle se traînait péniblement, pieds nus dans deux grosses galoches. Elle posa sur un bouquet de moules violettes un baluchon noué dans une serpillière, fit glisser ses sabots — et, sans me regarder, trempa ses pieds dans le clapotis des petites vagues. Le passeur approchait, poussant son bachot avec une grande gaffe. Quand il eut abordé, elle embarqua aussitôt, et s'assit en avant.

Là-haut, mon cheval avait passé le chanfrein dans

l'embrasure de la porte et aspirait l'air tiédi en hennissant. Le marin, poussant sa chique, me montra la petite et cligna de l'œil. Elle avait la tête penchée vers le fond de la mer du Morbihan, vers l'île d'Arz, où deux moulins faisaient tourner leurs ailes. De l'autre côté, Gavr'Innis recourbait sa croupe sur ses grottes sculptées. La mer, reflétant le ciel bleu, entourait de ses bras les îles verdoyantes ; des nuées d'alouettes à queue pâle filaient dans l'air.

L'île aux Moines est en face de l'île d'Arz. Les jours de Pardon, deux lignes de voiles blanches serpentent sur l'eau pour aller en Arz et revenir. Ces jours-là seulement, les filles de l'île aux Moines quittent leur robe et leur capuchon noir pour les gilets brodés et les rubans de velours à paillettes. Les hommes qui vont à la sardine avec les pêcheurs d'Ethel et de l'île Tudy les mènent danser avec les filles d'Arz. Celles de l'île aux Moines ont la peau fine et blanche, les mains effilées, les yeux noirs et les cheveux blonds ; une colonie d'Espagnols, dit-on, s'est abattue jadis dans l'archipel. Les filles d'Arz sont brunes, vives et rieuses ; elles portent toujours un costume célèbre dans le pays. Elles aiment les tendres blondes de l'île aux Moines, qui ne jettent leurs voiles noirs qu'aux jours de fête, — et les promis mènent leurs fiancées en Arz avant les noces.

Or, chemin faisant, je causai avec ma petite compagne, et pour la soulager, je mis son paquet au bout de mon sabre et mon sabre sur mon épaule. Nous traversions les longs corridors entre les murailles des champs, et les étroites ruelles du village; les pâles filles encapuchonnées nous épiaient à la dérobée; des chiens silencieux levaient vers nous leur museau quêteur.

Elle me racontait comment elle avait voyagé, depuis qu'elle se souvenait, sur la terre bretonne, d'abord avec sa mère, ensuite avec un vieux à paupières éraillées. Elle avait campé avec les gueux dans le champ des Martyrs, du côté de Sainte-Anne d'Auray. Il y en avait beaucoup qui vendaient des chapelets et des médailles de la Vierge. Ils parlaient entre eux une langue inconnue et se battaient le soir, autour de la marmite, et pour coucher dans les foins. Le vieux, ayant trouvé une petite voiture et deux chiens attelés à un collier pour la traîner, l'avait quittée pour aller mendier avec sa besace et son gourdin vers Karnak et Plouharnel, où viennent les riches étrangers. Des Anglais qui voyageaient dans une grande voiture, pareille aux guimbardes des saltimbanques, l'avaient nourrie quelques jours, jusqu'à Saint-Gildas-de-Ruys. Après, elle avait vagué par les chemins : les gars et garçailles se moquaient d'elle, à cause de ses taches de rousseur. Un jour, on lui avait dit qu'elle trouverait un promis aux noces d'Arz, mais qu'il faudrait prendre garde. Dans l'île d'Arz, il n'y a que des filles : celle qu'on veut épouser, il faut lui faire manger sept cormes avant qu'elles soient mûres, — et la fille se mue en garçon.

Alors je lui dis qu'à l'île d'Arz on rirait d'elle et que les jeunes filles n'allaient qu'avec celles de l'île aux Moines. Mais elle secoua la tête.

Nous dévalions vers la plage ; les bateaux se balançaient, bercés par les lames, et on entendait résonner des rires, comme des ricochets sur l'eau. Étendu sur la grève, un zouave attendait le passeur ; il était jeune, souple et imberbe ; justement de retour à Auray, avec un congé de trois mois, il était arrivé trop tard pour l'assemblée d'Arz — toutes les filles étaient parties, et voici que déjà les bateaux revenaient. Une barque atterrit près de nous ; une belle blonde en corsage rouge descendit tout essoufflée, avec sa compagnie ; le zouave se releva lentement et la regarda en soupirant. D'un coup de main il fit bouffer son pantalon et épousseta ses guêtres, guigna ma petite amie du coin de l'œil, et embarqua. Elle sauta si vite dans le canot que je n'eus pas le temps de lui rendre le ballot qui pendait à mon sabre. Je la hélai près du flot ; mais la brise qui enflait la voile emporta mes cris. Je la vis encore longtemps ; elle reposait ses pieds fatigués sur une banquette, et le zouave avait étendu sa veste bleue à fleurs pourpres sur ses mollets nus.

Dans l'île d'Arz le soleil couchant bordait les moulins d'une ligne rouge. Les bateaux rentraient un à un, ramenant les filles lassées ; je suivais toujours des yeux ma voile blanche. Je vis deux points monter lentement sur la plage grisâtre de la crique ; sans doute le zouave soutenait la taille de mon amie; et comme l'angelus tintait à petits coups dans la brume du soir, il me sembla que les moqueurs n'avaient point trompé la mendigote et que les cloches de l'île d'Arz sonnaient le carillon de ses noces.

POUR MILO

Je vais vous dire ce que je suis : un homme très tranquille et vivant d'un peu d'argent que je gagne dans mon commerce. J'ai appris de la politique avec les vieux camarades qui jouent aux boules, sur le soir, près du port, et si j'ai bien compris, je dois être un bourgeois. Sûr, j'ai un peu de bien, et deux petits qui bâillent au soleil, et une bonne femme que j'aime du fond de mon cœur ; sûr, je fume ma pipe, sur le banc goudronné à gauche de ma porte ; j'ai du tabac dans ma vessie, comme un monsieur — et si je ne bourre pas ma *horn butun* de la même façon que les autres, c'est que je n'ai plus de bras droit. Voilà aussi pourquoi c'est ma femme qui écrit pour moi ; mais je regarde par-dessus son épaule, et je vois si elle met tout, tel que je le dis. Je suis un peu tâtillon pour cela; je regarde bien aussi à la maison de ville pour voir si le secrétaire de M. le maire inscrit exactement, quand je donne mon avis. Si les gens du pays m'ont envoyé au conseil, je ne veux point les tromper sur leurs affaires; je ne veux point non plus tromper mon gars, quand il lira ceci plus tard, après ses années d'école, mon petit gars qui me regarde, le derrière dans mon écopette, en suçant son pouce.

Pourquoi je raconte mon histoire, c'est une idée qui m'est venue ainsi que je vais dire. Les camarades prétendent qu'un bourgeois est à l'aise sans avoir travaillé, qu'il mange censément le pain que lui font les autres, qu'il est né coiffé pour licher pleine gamelle, tandis que ceux qui peinent râclent les pots vides. La journée finie, quand je me couche dans mon bahut, sur un bon matelas bourré de varech qui sent fort, et que je regarde à la chandelle ma boutique, je me demande quelquefois pourquoi je suis heureux, cossu, bien au chaud avec ma bonne petite femme, un beau garçon qui tire sur ses cinq ans et une jeune demoiselle qui prend des airs pour dix, bien qu'elle n'en ait que deux, — tandis qu'il y a de pauvres cheminots qui battent la route à grands coups de semelle et dorment au frais avec un oreiller de souliers ferrés. Ça me vient bien fort, ces idées-là, avant de souffler ma chandelle (nous avons bien des bougies — mais ma femme les garde pour les pratiques). Il y a comme un judas entre la chambre et la boutique, juste au-dessus du comptoir; je vois jusque dans la rue entre les paquets de millet qui pendent du plafond avec les saucisses fumées et les morues sèches, jusque sur les petites bouteilles pleines de boulettes rouges, blanches et bleues, sur les images d'Épinal, et les pipes en sucre d'orge, et les pétards ficelés, et les harengs saurs qui montrent leur ventre luisant comme un gilet d'or dans une redingote verte, et les pelotes de ficelle jaune, et les mèches à briquet soufrées, paquetées en nœuds comme des boyaux orangés de poisson. Tout cela est à moitié dans l'ombre; le vent qui passe sous la porte fait trembler un peu la flamme rouge de la lumière; ça fait un filet de fumée qui lèche la poutre du milieu — et je vois reluire au-dessus de la coiffe blanche de ma femme les bords de toutes les boîtes d'étain. On dirait que la boutique est pleine d'or et d'argent; du millet d'or pâle au plafond, et des boudins d'or rouge, des harengs d'or jaune et d'or vert, des balais neufs avec des cheveux en paille d'or, des sucres d'orge en or transparent et des oranges d'or massif; et puis de belles boîtes d'argent où il y a du café, du poivre et de la cannelle, des casseroles luisantes comme des sous neufs; ça réjouit le cœur.

Je ne lui disais rien, à elle, après que nous étions pelotonnés sous la courte-pointe, par les nuits de rafale, quand on se serre contre les bords de son lit et contre le mur tiède. C'est là que ça me pinçait le plus dans le cœur. On entend très bien de chez nous les grandes lames qui se brisent, et des fois, le jour, les paquets d'embrun viennent jusque sur la table à détailler, quand on a vent d'ouest. C'est un bruit qui tire les pensées tristes du fond de vous-même, et vous ramène dessus sans qu'on puisse s'en dépêtrer ; si bien qu'elles seraient amères comme du fiel, il faudrait rester à les remâcher pendant des heures. Pourquoi je ne disais rien à ma femme, c'est que j'aurais eu l'air de lui faire reproche du bien qu'elle m'avait apporté. Seulement elle est fine, ma femme, et rusée, et elle sait vous retourner, et elle voyait bien du coin de l'œil que ça n'allait pas comme ça devrait ; un matin elle me regarde un peu de temps et puis elle me dit :

— Mathurin, tu ne veux donc pas dire à ta Jacquette ce que tu as ?

Juste comme je me retourne, je la vois sourire, avec deux fossettes dans son menton, et ça me rappelle le sourire de la première fois — mais patience.

Tout ça me remonte à la tête, et je la tiens serrée contre mon cœur — ça se trouve bien, c'est mon bras gauche, — et je lui réponds : « Si, ma Jacquette, ne te fais pas de peine, je m'en vais t'expliquer. Je ne veux pas que le gars plus tard se croie le fils d'un bourgeois épicier, qui n'a jamais rien fait de sa vie que mettre du café dans un moulin à moudre et verser de l'huile d'œillette dans les burettes ; il ne voudrait jamais travailler ; ce ne serait pas un vrai

Breton. Et moi-même, souvent, je pense aux pauvres trimardeurs de grand chemin.

— Et quoi ! Matthô, crie Jacquette en déposant le bas qu'elle tricotait, tu n'es pas fou pour rêver des choses pareilles ! Qui mieux que toi a mérité de vivre tranquille, avec sa femme et ses enfants, et du pain sur la planche pour les sept jours de la semaine ? Est-ce que nous avons tort, puisque nous avons les moyens, de manger à notre faim ? S'il y a un morceau de petit-salé dans nos pommes de terre, c'est que nous pouvons le couper après la pièce qui pend là-bas ; nous ne demandons pas aux autres les œufs que pondent leurs poules, et Milo est culotté tous les jours que Dieu fait. Jésus ! il les troue, ses culottes ; mais nous avons des aiguilles et du fil, et des doigts pour raccommoder. Seulement, d'un côté, tu as raison. Personne au monde ne sait ce que tu as fait, que moi ; et il faut que Milo apprenne que les alouettes ne vous tombent pas toutes rôties dans le bec, que tu as sué et peiné pour être heureux, mon chéri, et que tu y as laissé un bras, mon brave. Il faut que Milo puisse toujours se souvenir que son père a travaillé dur — et qu'autrement il ne mangerait pas du fricot trois fois la semaine et qu'il n'aurait pas un cochon au saloir. La bourgeoisie est un mal, vois-tu, Matthô, quand on ne l'a pas méritée ; mais quand on a donné un peu de sa vie pour gagner son chez-soi, personne n'a rien à vous dire. Et m'est avis, Matthô, que tu as mis ta vie en péril, et que tu as échappé au danger de mort, et que si tu ne peux plus tailler les pièces de bois à l'arsenal, c'est que les Prussiens ont taillé le bras qui menait la hache. Et puisque tu ne peux pas écrire ton histoire, tu me la raconteras telle que nous la connaissons tous deux, mais avec les mots que tu connais mieux que moi, et je la copierai sur un cahier pour que Milo puisse la lire un jour. »

Ici, il faut vous dire que j'ai embrassé ma femme; elle a des joues roses comme une pomme d'api. Maintnant encore, elle ne voulait pas le mettre sur le papier; elle dit que ça la ferait rougir. Mais je veux que tout le monde sache comme je l'aime tout plein; la récompense de mes peines, c'est ma petite femme Jacquette. Je vais vous expliquer comment nous sommes pour écrire. Je me promène dans la chambre en fumant ma pipe; Jacquette écrit à la table; mon petit gars Milo nous regarde avec ses yeux ronds — et notre Marianne ronronne tout doucement dans son berceau d'osier; elle a une mignonne figure bouffie, et ses petits yeux en trous de vrille sont fermés. S'il plaît à Dieu, ce sera une belle fille. Nous avons un poêle aussi, et des châtaignes qui grillent; Jacquette en grignote de temps en temps pour se reposer; et ça n'est pas défendu non plus de se rafraîchir le gosier avec une bonne bolée de cidre. Le plancher a été lavé au savon; il y a de grandes raies brunes parmi les nœuds du sapin; ça réjouit le cœur d'avoir une chambre propre; et l'air est tout embaumé par les épices du magasin.

Je veux commencer par dire pourquoi je n'ai pas servi dans la flotte.

A Port-Navalo, nous ne partons guère pour la grande pêche. Les gens du pays plus bas, vers la Turballe, Piriac, Billiers et Mesquer, vont aux bancs de Terre-Neuve prendre la morue; ici nous pêchons au chalut dans la mer du Morbihan et dans la pleine eau entre Belle-Ile, Houat et Hœdic; nous faisons la sardine. Vient donc la conscription, nous aimons mieux, comme sardiniers, faire notre temps à terre que partir au loin dans les pays brûlés, d'où on revient avec la figure passée au jus de tabac. L'huile de bras qu'on donne dans le métier à filer le filin des filets, quand on prend la culotte rouge ou le pantalon à basane, on la donne, pareil à épauler le flingot ou à tirer les caissons.

Je suis donc parti en 1870, fin novembre, avec le corps de Vannes. Le noroît ventait dur; une bise à couper les doigts; on nous embarquait dans les fourgons comme du bétail. Ça soufflait dans les fils du télégraphe et les roues grinçaient des chansons marines avec le refrain des plaques tournantes. Toute la journée et toute la nuit nous passions d'un train dans un autre; les sous-officiers juraient et sacraient; et lorsque l'aube grise monta vers le ciel jaune, nos articulations étaient engourdies et nos ongles bleus de froid. Il y avait dans mon fourgon un sabotier de Gourin qui avait les yeux étriqués, les cheveux roux et la figure piquée de points; il avait bu trop de raide avant de partir et il répétait tout le temps: « *Hé madous, éozur!* »

Le plancher du fourgon, au moment où nous débarquions, était gras de taches à force du jus de chiques.

Devant le train arrêté, la campagne était toute plate, sans haies comme en Bretagne ; mais il y avait des champs à perte de vue, un peu couverts de brouillard, avec des pointes de chaume coupées ras et des mottes de terre gelées. Le temps de prendre les sacs et les fusils, l'officier avait commandé « en avant. » Le sabotier roux trébuchait ; et un autre grand diable le poussait de temps à autre. Celui-là avait les cheveux tellement blonds qu'il paraissait ne pas avoir de sourcils, et sa tête rasée semblait nue. A mesure que nous avancions, on entendait des coups sourds et souvent comme le bruit d'une toile qu'on déchirerait, et d'une voile qui prend un ris et claque sur la vergue. A gauche, le long d'une route, il y avait cinq ou six maisons, et on fit faire halte. Nous devions nous poster là et attendre les ordres. Les Prussiens y avaient passé la veille ; le crépi des murs était émietté par les balles ; les barrières défoncées ; dans les lucarnes on voyait des matelas éventrés ; dans l'embrasure des portes, des chaises amoncelées et cassées. Trois poules picoraient autour d'un sac de grains déchiré.

Notre sergent poussa la porte d'une ferme ; elle ne tenait plus qu'à un gond. Tout était sombre à l'intérieur, et on n'entendait que le grésillement du feu demi-mort et quelqu'un qui sanglotait. C'était une fille qui nous tournait le dos, agenouillée contre la pierre de l'âtre. Sa chemise de toile bouffait entre les lacets de son corsage. Les pas la réveillèrent, et elle se releva en essuyant les larmes qui lui bouchaient les yeux.

— Je n'ai plus rien, dit-elle en s'avançant; ils ont tout emporté. Mon père et mon frère avaient un fusil dans le grenier; ils les ont attachés et emmenés. J'ai pleuré et crié; à quoi bon? Je sais qu'on va les fusiller; on les a conduits au bourg. Quand ils reviendront, je prendrai l'autre fusil qui est caché sous la huche et j'en canarderai un. Ils me tueront aussi; je n'ai plus rien à faire sur terre; j'ai tout perdu.

— Allons, dit le sergent, ne te désole pas, la fille. On va rallumer le feu et tâcher moyen de tout arranger.

Mais quand nous eûmes mangé la soupe (c'était un morceau de lard salé), nous vîmes bien qu'il n'y avait rien à faire. Les Prussiens étaient au village, et il y avait des francs-tireurs dans la campagne. — La fille s'était jetée par terre, entre la huche et le mur; elle pleurait à fendre l'âme.

Toute la mariénée, toute la ressiée, une petite pluie fine tomba contre les carreaux. Après avoir graissé mon fusil, je m'étais assis dans un coin et je réfléchissais. Les camarades étaient couchés en rond devant la cheminée; le sergent sifflait contre la fenêtre et regardait la campagne. J'allai tout doucement jusqu'à la huche; la fille pleurait toujours.

— Avez-vous une lanterne, lui dis-je à l'oreille?

Elle me regarda avec des yeux éteints, et me dit : « Dans la huche, à droite ».

Je pris une lanterne de fer-blanc ; je l'allumai et je sortis. Pourquoi je m'en allais, c'était une manière d'idée qui m'était venue, pas claire, bien sûr, et contre le règlement ; mais ça me tirait le cœur de voir une garçaille comme cela, blanche et blonde, pleurer à se rougir les yeux. La grand'route menait droit sur le bourg; je sautai dans les champs, et je la suivis en fermant ma lanterne. Le temps s'était refroidi encore, et il neigeait maintenant à petits flocons. Malgré la nuit, je vis que la route traversait le mitan du village, avec les maisons de chaque côté, le dos aux terres. Comme chez nous, souvent, le bûcher tenait le fond, avec une lucarne carrée dans le mur, par où on entendait bien ce qui se passait dans la salle. Il y avait des maisons où on ronflait — d'autres où j'entendais des pas réguliers — et à une où on riait fort je m'accoudai et j'écoutai. Une grosse voix, un peu éraillée, disait : « *Kanaillen francs-tireurs! Morgen kapout!* » Je n'avais compris que le mot *francs-tireurs;* j'écartai doucement les bûches avec ma baïonnette, et je regardai. Deux paysans, l'un jeune, l'autre vieux, étaient debout, tête nue, les mains liées, leur blouse bleue flottante ; un jeune sous-lieutenant se tirait la moustache, assis à une table, près de la chandelle ; et c'était un vieux sergent qui leur parlait. Deux autres hommes étaient devant le feu.

L'idée me vint tout de suite. Je courus sans bruit à l'entrée du village ; j'accrochai la lanterne dans un arbre et je tirai la planchette à coulisse. La lumière jaune brillait dans les branches : ça faisait un rond éclairé sur la neige, et tout autour elle était bleue. Puis, prenant la baïonnette, je lâchai un coup de fusil, et je courus à perte d'haleine jusqu'à la maison. Ce fut un remue-ménage ; des *Wer da? Was ist das? Sackerment! Schnell, heraus!* Un cliquetis d'armes. Une décharge sur ma lanterne. Par la lucarne, je vis que le sous-lieutenant et le sergent étaient dans la bagarre. Je ne fis qu'un bond à la porte, et je sautai dans la salle ; un coup de tête breton dans l'estomac du premier soldat ; un coup de baïonnette dans le ventre du second ; tout de suite je coupai les cordes des deux paysans et je leur dis : « Pas une minute, courons ! »

Quelques secondes après nous galopions dans la neige, par les champs. Mais on nous avait vus : trois taches noires sur un tapis blanc. J'entendis des *holla!* et des balles sifflaient sur nos têtes ; tout-à-coup je sentis comme un grand coup de garcette à mon bras droit, et il tomba tout de suite, très pesant, sur mon côté. Je soufflai aux deux autres : « Derrière la haie, dans le fossé. »

Nous y tombâmes tous trois, sous l'averse de neige. Les Prussiens nous cherchaient droit devant : les flocons pleuvaient si serrés qu'on ne voyait plus nos pas. Mais nous sommes restés là toute la nuit, dans un froid mortel : mon bras était engourdi ; le sang qui encroûtait ma manche, noir et gelé. Le matin, notre bataillon qui poussait en avant, pour déloger les Allemands, nous entendit appeler dans le fossé ; et on nous aida jusqu'à la maison des deux hommes que j'avais tirés d'affaire. C'est là que l'on m'a couché ; là que j'ai eu la fièvre si fort que je déraisonnais ; c'est là qu'un chirurgien-major m'a coupé mon pauvre bras droit ; mais c'est là aussi, Jacquette, que tu m'as regardé avec ton sourire que tu as toujours — et c'est là que nous nous sommes promis... Je me rappelle que le sergent me regardait, en clignotant des yeux et en disant : « Mauvais soldat — brave garçon tout de même ! » et que toi, Jacquette, tu m'embrassais ma main gauche, pour avoir sauvé ton père et ton frère.

Et ce qu'il me reste à raconter pour Milo n'est plus grand'chose. Nous nous sommes promis là-bas, dans le pays de Beauce, et nous avons été mariés à Port-Navalo. Tu m'as pris parce que ça t'avait mouillé le cœur, que je sauve tes parents en y perdant un bras ; et moi je t'aimais parce que tu étais blanche, douce et bonne. Maintenant nous sommes heureux dans notre trou sur la côte, avec Milo et la petite Marianne, parmi la bonne odeur des épices et l'embrun qui fleure la mer ; et si nous nous sentons contents, l'hiver, quand le vent d'ouest souffle par-dessus les roches sauvages d'Houat jusqu'aux fenêtres bourrelées de chez nous, — c'est bien vrai qu'il ne faut pas en avoir honte, comme tu dis, Jacquette ; car nous avons peiné pour l'être.

L'HOPITAL

On y arrivait par des chemins vagues, bordés de vieilles masures, et son aspect surprenait d'abord, à cause de sa ressemblance avec un couvent. Un long mur gris, avec des fenêtres grillées où pendaient des clématites; et ce mur percé d'un porche ombragé de glycine, parmi laquelle tintait une grosse cloche pour les entrées et les sorties. Le gardien surveillait la porte à l'intérieur, accoudé contre la fenêtre d'un petit atelier où le serrurier martelait dans un étau des clefs de l'hospice. Sous le cercle d'arbres du jardin, accroupis sur des bancs de pierre, des êtres hâves, coiffés d'un callot blanc, vêtus d'une capote couleur fer, hochaient la tête tout le long du jour. Quand la voiture de l'ambulance s'arrêtait devant le porche, et que la grosse cloche sonnait, on y voyait ces mêmes callots blancs tressauter derrière les barreaux des fenêtres, et se coller contre les hautes vitres des figures jaunes avec des bandes noires de poils. Les sous-officiers, les brigadiers et les soldats étaient tous égaux sous le callot blanc ; ils avaient les mêmes curiosités et souffraient du même ennui. Quelques gradés gardaient le képi et un V de fil d'argent ou de laine rouge coupait les bords de leur capote. Mais on confondait toutes les individualités dans ce groupe d'hommes mornes, à la barbe longue ; ceux qui avaient la bave aux lèvres, grises dans les coins, ou ceux qui s'affaissaient sur leur ventre, parce qu'on leur avait retiré les côtes fracassées dans une chute de cheval, ou ceux qui attendaient la réforme, le pied broyé par un bat-flanc d'écurie, fumaient silencieusement des pipes, serrés l'un contre l'autre, et n'ouvraient la bouche que pour cracher ou pour murmurer : « La classe »...

L'hôpital était mixte — infirmiers et sœurs. Ceux-ci pansaient à la six-quatre et arrachaient les vésicatoires avec des lambeaux de chair ; celles-là, grosses, les joues luisantes, ou minces comme des perches et la face passée au laminoir, rognaient les portions et faisaient balayer les convalescents. Seule la sœur Angèle égayait les malades. Elle était coquette avec sa cornette blanche et sa robe grise plissée. Tout souriait dans sa petite figure d'amour — ses frisons oubliés sur le front, ses yeux doux et moqueurs, son nez à la Roxelane, ses lèvres retroussées ; même le crucifix de cuivre qui émergeait de son sein semblait briller d'une joie discrète. Elle chantait à voix de rossignol gris qui aurait été coiffé d'une huppe blanche. Les hommes de la troupe cherchaient son chant à vêpres, les yeux levés et la bouche ouverte. Ses tours de ronde, les malades se découvraient exprès, parce que sœur Angèle, passant avec sa lanterne entre les lits, comme un oiseau de nuit au vol doux, venait les border d'un geste tendre et uniforme. Le jour, quand elle descendait de la salle des blessés, on allait au retrait pour la guetter, tandis qu'elle faisait la cueillette au potager. De la fenêtre étroite du cabinet lambrissé on voyait voleter la cornette blanche — et plus loin la ville de Vannes et ses murailles longues, et son port effilé comme une lame de couteau d'argent, et plus loin le Pont-Vert près de la baie marine, et les arbres touffus du Conleau aplatis en taches brunes contre le ciel.

On disait que sœur Angèle de son vrai nom s'appelait Odette, — et les sous-officiers le murmuraient volontiers quand elle passait près d'eux. On disait que sœur Angèle avait été modiste à Paris, autrefois : de là sa démarche trottinante. On disait qu'elle était entrée en religion après un grand désespoir d'amour : son fiancé lui était brusquement apparu un soir, ivre, le chapeau sur l'oreille, et lui avait réclamé l'argent de sa semaine. Et l'infirmier Guillaume, potard farceur, prétendait connaître très bien ce fiancé, avoir pris des « purées » avec lui, l'avoir entendu se vanter de mettre n'importe quelle «gigolette au turbin»: c'était le fameux Julot l'Oreille-Mangée, une des Terreurs de Belleville-les-Femmes, seul berger d'un troupeau nombreux qu'il poussait tous les soirs vers Montmartre-les-Hommes et qu'il tondait ras. Or la pauvre petite modiste avait été terrifiée de cette apparition, et, dans une grande crise de larmes, elle avait renoncé à la vie temporelle. Sœur de Saint-Vincent-de-Paul, elle égayait par sa fraîche figure parisienne l'hôpital monotone et faisait sourire à son passage les têtes blêmes sous les bonnets blancs.

. . . .

Vers le soir, on apporta un réserviste de ligne, un *bloum*. On les appelait « bloum » à cause de leurs képis défoncés, ressemblant mieux à un chapeau de civil. Ce vieux «bloum» ne parlait ni ne criait; hâve, la barbe emmêlée, avec des yeux bêtes, il restait debout, dans son pantalon, en riant d'un rire d'idiot. L'infirmier lui demanda son nom — il répondit : « Sais pas ». La grosse sœur le secoua et le fit coucher. L'aide-major le menaça de le punir. Le major lui promit le cachot. Le médecin en chef de l'hôpital vint lui proposer de le fourrer dans un cabanon avec un lit en planches. Le « bloum » restait hébété; il roulait la tête sur l'oreiller et grommelait : « Sais pas ».

Le dîner vint, servi par la sœur qui puisait le bouillon fumant dans les grands seaux luisants. Les

malades se soulevaient dans leurs lits nouvellement
faits, doux et tendus, pour prendre les bols de grosse
faïence blanche. En passant, la sœur glissait sur les
tables de nuit un grapillon de raisin ou une pêche;
la salle entière s'épanouissait dans le repas du soir.
La sœur demanda au « bloum » : « En veux-tu, ours? »
— Le vieux « bloum » grogna : « Sais pas ».

La nuit passa, et la journée suivante; le « vieux »
restait toujours stupide, étendu sur le dos. Et la nuit
tomba de nouveau. Dans la salle, une veilleuse brûlait au milieu d'un dôme de porcelaine; une lueur
laiteuse flottait jusqu'au plafond. On entendait ronfler et souffler; du fond, où s'ouvrait la salle des ty-
phiques, retentissaient des gémissements sourds et
des plaintes basses. Tout à coup un bruit s'éleva et
augmenta graduellement; d'abord comme le grincement d'une roue mal graissée, puis comme le ronflement d'une forte toupie, enfin comme le glou-glou
d'une bouteille versée. Et ce bruit devint persistant
et continuel, jaillissant de la poitrine et de la gorge
du « bloum », sans intervalle aucun. On aurait dit
d'un homme rempli d'eau, pendu la tête en bas, et
qui se viderait avec un gargouillement sans fin.

Les malades, réveillés, s'accoudaient sur leur traversin; les draps soulevés marquaient les lits de
bosses blanches. Beaucoup crièrent : « Assez! » Un
aphasique, couché au fond, répétait opiniâtrement,
d'une voix aiguë : « Qu'il est... qu'il est... qu'il est...
killé killé killé... » Et, à côté de lui, une loque

d'homme, à qui on venait d'ôter le voile du palais, répondait d'une voix sifflante, comme une pompe qui fuit : « Il... est... deux heures ».

Alors la porte du fond s'ouvrit, et une lumière jaune parut sur une tache grise, qui vint en glissant parmi la double haie de lits. Quand le « bloum » vit la lanterne et la cornette blanche, il se mit à hurler :

« Je la vois, cette vache de frangine. Je les connais, les frangines des hospices. C'est tout des vaches qui devraient crever. La mienne est partie dedans. Si jamais je la retrouve, je la gonflerai. Sérieusement. Si elle veut se faire emplâtrer, elle n'a qu'à rappliquer. Elle m'a foutu dans la purée, la goyau — une môme à la manchiquoise — avec son gniasse à la tourte. J'en ai eu des gigolettes à la cloche, après, qui la dégotaient. J'en ai eu qui envoyaient des vannes plus bat que cette trottin à la manque. Et, malgré ça, elle m'est restée dans la poire. Je l'ai dans la couatche. Elle est là. Vache! »

Il resta la bouche ouverte, anéanti. Sur lui se penchait sœur Angèle. La lumière de la lanterne tomba sur son moignon d'oreille, tandis qu'il roulait la tête, sur une dentelure de chair cicatrisée, souvenir d'un « dos qui lui avait bouffé l'esgourde ».

Dans cette âme hideuse, l'image de la seule fille honnête qu'il eût connue était restée ineffaçable. Il la haïssait, il voulait la « crever »; s'il l'avait retrouvée, il l'aurait marquée, mais par passion. La petite Odette, la petite modiste, regardait le débris de ce qu'elle avait aimé. Elle regardait sans comprendre, sachant seulement que cet homme était noir de vilenie. Si elle avait autrefois été désinnocentée par ses amies, elle avait maintenant tout oublié. La vie de calme et de dévouement qu'elle avait menée fermait le passé comme un écran. Mais elle voyait bien que ce malade rageur, ce Julot l'Oreille-Mangée qu'elle reconnaissait, terrifiée, l'avait aimée. Bien qu'elle ne dût pas, elle voyait qu'il l'aimait encore. Elle sentait la morsure de son cœur, depuis si longtemps guérie, se rouvrir.

Puis l'homme se remit à râler. La petite sœur resta près du lit, tandis que l'infirmier collait au mourant vingt-cinq ventouses dans le dos et un vésicatoire à la nuque. L'aumônier l'administra sans qu'il en eût conscience. Vers le matin, sœur Angèle était blanche de fatigue. Julot l'Oreille-Mangée sortit ses bras et les agita en croix, criant faiblement : « J'ai peur ! j'ai peur ! » Parmi ses cris, le râle continuait toujours. Il mourut à midi. Dans la petite chambre où on l'avait porté, tandis qu'il hoquetait encore, sœur Angèle l'avait suivi et lui ferma les yeux elle-même, les yeux rouges.

Elle obtint des infirmiers qu'on ne charcuterait pas son corps. Peut-être eût-elle pris plaisir, autrefois, malgré sa douceur, à ce qu'on le coupât par petits morceaux. Et l'après-midi, dans le jardin de l'hôpital, sous le cercle d'arbres, les mêmes hommes mornes, vêtus de leurs capotes couleur fer et coiffés de leurs callots blancs, aplatissaient leurs figures aux vitres du charnier, surpris de ne pas voir tourner les garçons affairés, en tablier, autour du cadavre. Leurs heures se passaient dans cette occupation; ils en causèrent longtemps, et, inquiétés par tout changement, ils oublièrent même de hocher la tête quand ils passèrent devant sœur Angèle, qui pleurait dans sa pharmacie.

CRÈVE-CŒUR

Comme il passait, son pantalon « à la bénard », s'épatant sur le trottoir, le foulard rouge et jaune serré d'un coulant, la casquette à raies d'aplomb sur les « guiches », on voyait bien que c'était une « terreur » pour les hommes, et pour les femmes un « crève-cœur ». Son balancement sur les hanches était provocateur, et ses yeux noirs allongés vers les tempes avaient des lueurs tentantes. Les mains, ballantes sur les côtés, plates et violacées, montraient que l'homme était fort lutteur. Et il le savait, car il marchait carrément, un peu penché en avant, la tête sur le côté, les yeux mi-clos, sans se soucier des coups de coude. Les femmes qui le frôlaient, près des becs de gaz, inclinant vers lui leurs faces « camouflées » sous la lueur jaune, sentaient battre leur gorge pour ce « crève-cœur » qui crânait.

Devant trottinait une marmiteuse mince, dont les grands yeux pâles mangeaient la figure, ridée comme un poing osseux. Chacun de ses pas semblait tomber sur un ressort, tant elle saccadait sa marche, et les jupes tournaient toutes les fois que le pied se posait. Courant à la manière d'un papillon de nuit qui volète en cercles incertains, elle allait d'un trottoir à l'autre, faisant halte et repartant par sauts, levant les yeux aux fenêtres d'hôtel, avec des mines d'entrer chez les marchands de vin, parce qu'elle se sentait traquée.

L'homme la filait, impassible devant ses crochets. Il y avait deux ans qu'il la tenait par la peur. Il lui avait promis de la marquer, si jamais elle se mettait avec quelqu'un, de lui crever les yeux à la « fourchette », de lui couper l'oreille d'un coup de dents, de lui manger le sein, de lui ouvrir l'estomac du pied. La petite devenait blanche en y pensant : elle se souvenait d'une amie dont la gorge pendait saignante, comme une grenade éventrée. L'homme était si traître qu'il la mordrait à travers son corsage — le temps d'un bond.

Elle était la première que le crève-cœur n'eût pas éblouie de séduction. Il était si accoutumé à sentir des femmes rampantes lui caresser les hanches, à entendre des paroles douces de lèvres qui imploraient. Dans les « guinches » où il cherchait fortune, parmi les couples entrelacés levant la jambe au son de la musette, il lui suffisait de cligner de l'œil. Les petites « Parigotes » qui sautaient là, si ravies, ne résistaient pas au beau danseur, à moustaches fines, dont les mains goulues leur étreignaient la taille, dont les yeux pervers anéantissaient leurs regards. Il leur « faisait le ser » d'un mouvement imperceptible, et elles quittaient aussitôt la salle carrée, après un tour indifférent auprès d'amis attablés devant un saladier de vin à la française. Et le couple s'en allait par les rues sombres, la figure de la petite renversée vers la tête du crève-cœur.

Mais celle-ci n'avait rien senti. Elle se moquait de lui, froide, nerveuse. Il semblait ne l'intéresser que par une vicieuse curiosité de ce grand corps. Laide, malingre, les épaules pointues, les seins battants, elle le poignait du vide de ses yeux pâles. La sclérotique avait le bleuâtre de l'émail, avec des fleurs rouges qui couraient dessus. La prunelle était claire et grise, indécise comme la brume du jour qui tombe, froide comme un ciel d'hiver. Et la fixité d'un regard qu'il ne pouvait comprendre le harcelait au point de lui faire tout oublier.

Il la suivait partout, et la menaçait quand elle était seule. Il trouvait un plaisir âcre à lui empoigner le bras dans la rue et à la forcer d'entrer dans un assommoir, pour lamper une verte. Car elle refusait d'abord, avec un rire aigre : il lui promettait « deux broquots », un sur chaque œil — là dans la rue — va comme je te pousse — et la petite, domptée, entrait boire. Alors, énervée, elle le raillait impitoyablement ; chacune de ses rudes plaisanteries étaient tranchante comme un de ces coups de couteau par lesquels des passionnés enlèvent des rondelles de peau sur les bras, les jambes, le ventre. A ses yeux qui se mouillaient de bonheur et de lassitude, on devinait sa volupté, pareille dans ces moments à celle qui la faisait pâmer, lorsqu'elle piquait, coupait, mordait ou brûlait. . . . .

. . . .

Ainsi les deux couraient silencieusement, entre deux haies de becs de gaz, le long des quais obscurs, par les ponts piqués de lumières, au-dessus de la Seine où tremblotaient des lames de sabre d'or rouge et jaune, jusqu'à la barrière du Trône, où on entendait une musique nasillarde, coupée d'appels de tambour. De chaque côté, les baraques ouvraient dans l'ombre des trous éblouissants, pleins d'un papillottement de verres bleus, roses et verts — avec des crécelles criardes, des roues de loterie cliquetantes, de stridents appels de paillasse en parade ; et la tête de Turc qui rebondissait, avec un choc sourd, et le crépitement ininterrompu du tir, et par-dessus tout le bruit filtrant de la foule, semblable au clapotement de la vase quand on y arrache des pierres.

La pâle « môme » s'arrêta devant une baraque de lutteurs. Trois aboyeurs hurlaient à la porte devant des toiles peintes où on voyait des hommes aux muscles gonflés jongler avec des poids et soulever avec les dents des tonneaux chargés d'une pyramide humaine. La femme, au comptoir, crevait de graisse, avec des plis pesants du cou qui descendaient sur sa cotte d'écailles luisantes.

A l'intérieur, dans une arène semée de sciure, deux hommes luttaient. De taille à peu près égale, petits tous deux, ils différaient par la grosseur, car l'un était sec, avec des muscles sinueux qui couraient en bosses le long de ses bras et de ses jambes; les omoplates dessinaient des saillies; l'autre avait un cou puissant, les cheveux gras et collés, des cuisses pareilles aux cylindres d'une machine; deux mamelons tendaient son maillot sur la poitrine, et il avait des bracelets de fourrure aux poignets et aux chevilles.

La partie fut courte : le gros lutteur essaya le « coup de l'écrasement », qui réussit aussitôt. Arcbouté sur les jambes, il se laissait retomber de tout son poids, — et, quoique l'autre fît le gros dos, ses muscles lassés se détendirent, et les deux épaules touchèrent. Parmi les bravos et les battements de mains, le patron s'avança au milieu de la lice; sa jaquette le gênait et son col le blessait; en tournant son chapeau dans les deux mains, il annonça de sa voix enrouée de vieux lutteur :

— Ze propose oune prix dé mille francs à qui louttera vittorieusement avec moussieu Paul. Z'ai confiance que le poublic appréciera mon offre, et qu'il se trouvéra oune amateur.

Après un coup d'œil circulaire, il continua :

— Réfléchissez. Mille francs est oune somme. Ze la dépose à la caisse.

Le crève-cœur était entré. Il ne regardait que la marmiteuse aux yeux pâles, restée stupéfaite devant le colosse Paul. Quand elle le vit du coin de l'œil, elle lui siffla en ricanant :

— Eh ben ! crève-cœur, ici n'y a pas d'amour?

Sur l'instant il sauta dans l'arène et jeta sa veste et son foulard. Sous le tricot rayé apparurent ses épaules blanches, et des bras nerveux où un vieux avait tatoué : Brin d'Amour. Les mains s'élargissaient au bout des poignets minces, comme des feuilles pendantes.

Mais le crève-cœur n'était pas de force.

Le gros lutteur lui massa ses bras, qui coulèrent comme des câbles détordus ; d'un tour de reins, il le fit sauter en l'air ; il lui écarta les jambes, le retourna comme une grenouille, et, accroupi derrière lui, il tâchait de le mettre sur le flanc. La figure tordue du crève-cœur se ridait par plis circulaires, jusqu'aux oreilles ; une veine lui zébrait le front taché de rouge, et ses bras impuissants martelaient le sol.

Glissant alors la main droite vers la poche de son pantalon, il voulut y fouiller. Les yeux de la marmiteuse pâle roulèrent dans leurs orbites, ses épaules tressaillirent, son corps fut secoué, un flot de sang lui voila la figure ; et, pâle l'instant d'après, lasse et défaillante, elle s'appuya contre la toile de la tente.

Mais le lutteur avait vu, — et, saisissant le crève-cœur à la nuque, il le poussa d'un coup de genou, en le secouant comme un chien hargneux : « Ah ! saucisse, tu voulais me saigner ? criait-il : — je vas t'en foutre, une saignée, chéri des dames. Lâche ton lingue, ou je te serre le kique. »

Le crève-cœur se releva, le regard mauvais, reprit ses vêtements et se coula dehors, parmi les huées. La petite maigre l'attendait dans l'ombre, et son rire sonna sur l'air froid de la nuit :

— T'as la guigne ! crève-cœur, disait-elle. C'est pas la peine de blafarder — j'ai plus le trac. Tu peux bien sortir ton couteau. C'est pas toi que j'ai à la bonne, c'est lui. T'aurais pas eu le flube, pour le crever, que je me sentais comme adoucie, parce que t'es vraiment mauvais. Je croyais que tu tenais ton scion. Mais t'as pas la force. Ne ressaute pas, je rentre voir le gros. Il est rien beau — il a des bras comme des jambes. Je me laisserais bien prendre de riffe, par lui. Ça te fait fumer — je te crains pas. Toi, crève-cœur ? Allons donc, cœur-de-veau !

LE LOUP

L'homme et la femme, qui traînaient leurs pieds sur la route des Sables, s'arrêtèrent en écoutant des coups espacés et sourds. Ils avaient été poursuivis par les deux mâtins de Tournebride, et le cœur leur sautait dans le ventre. A gauche, une ligne sanglante coupait la bruyère, avec des bosses noires de place en place. Ils s'assirent dans le fossé ; l'homme rapetassa ses brodequins troués avec du fil poissé ; la femme gratta les plaques blanches de terre poussiéreuse qui écaillaient ses mollets. Le gars était « moëlleux », poignes solides, des nœuds aux bras ; l'autre tirait sur la quarantaine, une « gerce de rempart ». Mais des yeux luisants et mouillés, la peau encore assez fraîche, malgré le hâle.

Il grommela en se rechaussant : « On croûte encore des briques, à ce soir. C'est pas saignant que tous les cagnes du patelin, des cabots de malheur viennent vous agricher les fumerons, quand on a le ventre vide? J'y foutrais rien un ferme-gueule, au patron, si je l'dégotais. »

La femme lui dit doucement: « Ne crie pas, mon petit homme. C'est que tu ne sais pas leur causer aux cabzirs. On les laisse venir comme ça... petit... petit... et puis quand ils sont là, tout près, t'as plus qu'à les gonfler. »

— C'est bon, dit le gars. On va pas plumer ici.

Ils longèrent la route en boitant. Le soleil était couché, mais les coups sonnaient toujours. Des lumières jaunes sautaient parmi les bosses noires, éclairant çà et là des masses rougeâtres.

— En voilà, des briques à croûter, dit la femme. Chez les casseux d'cailloux.

On voyait maintenant des ombres se mouvoir sur les terre-pleins. Il y en avait qui piochaient la terre, courbés comme des houes, tirant des cailloux rouges. D'autres les éclataient en tas, avec des masses. Des enfants en bourgeron portaient des lanternes. Les travailleurs avaient un callot enfoncé sur la tête, et des lunettes mistraliennes, à verres bleus; leurs sabots étaient empâtés de glaise sanguine. Un grand maigre travaillait d'attaque, le crâne plongeant dans son bonnet jusqu'aux oreilles; il avait la figure couverte d'un loup en fil de fer noirci; il devait être vieux : — deux pointes de moustaches grises débordaient sous le grillage.

Dans le pays on craignait les carriers. C'étaient des hommes mystérieux qui creusaient, masqués, dans la terre rouge pendant le jour et une partie de la nuit. Les entrepreneurs gageaient ce qui leur arrivait — généralement des repris de justice, des terrassiers ou des puisatiers qui variaient leur travail en luttant dans les foires, des hercules falots en carnaval forcé. Les mioches édentés qui venaient piétiner dans les retroussis de terres volaient les poules et saignaient les cochons. Les rôdeuses de grand'route fuyaient le long de la carrière; sans quoi les masques leur roulaient la tête dans les brousses et leur barbouillaient le ventre de terre mouillée.

Mais les deux cheminots s'approchèrent du trou illuminé, cherchant la soupe et le gîte. Devant eux un môme balançait sa lanterne en chantant.

L'homme au loup s'appuya sur sa pioche et releva la tête. On ne voyait de sa figure que le menton luisant à la lumière; une tache noire bouchait le reste. Il claqua de la langue et dit :

— Ben quoi, le trimard, ça boulotte? Quand on est deux, comme ça, on n'a pas froid au ventre. N'en faudrait, pour la tierce, des poules comme la tienne. On a de la misère, nous autres — ça serait assez rupin.

Les hommes se mirent à crier : « Ohé, Nini, lâche ton mari. Ohé, ohé, viens te coucher. — T'es rien leste, Ernest, à enlever le reste. T'es bien pressé d'aller te plumer. — Dis donc, Étienne, c'est-il la tienne ? Sacré mâtin, v'là des rondins. »

Et puis les gosses piaillèrent : — « Oh ! c'te cafetière ! Elle l'a épousé pour ses croquenots. Ils sont bat. Ça coûte cher, des paffes comme ça, parce que ça paye des portes et fenêtres. »

Le gars « moëlleux » arriva sur l'homme au loup en balançant ses poings.

Il lui dit tranquillement : « Toi, j'te vas asseoir du coup. J'te vas foutre un transfèrement que le mur de ton trou t'en rendra un autre. » Et il lui envoya sous le menton deux brusques poussées.

L'homme au loup chancela, prit sa pioche et la balança. L'autre regarda en dessous et crocha un pic à moitié enfoncé dans un tas de cailloux.

— T'en veux ? dit le carrier maigre. J'te fais claquer la tirelire. Mon nom, c'est La Limande ; je suis Parigo, de Belleville ; je me suis lavé les pieds à la Nouvelle pour une gonzesse que je n'avais pas assez à la bonne ; ça fait qu'un soir j'ai crevé une boutique et j'ai été paumé sur un fric-frac. Je reviens de loin ; j'ai tiré quinze longes. Je m'en fous, je vais te tomber.

Alors la femme sauta sur le gars et cria : « Tu entends, je te défends la batterie. Il va te crever ; je le connais. Je ne veux pas que tu te battes... Je ne veux pas... je ne veux pas... »

Le gars « moëlleux » la poussa de côté.

— Moi, dit-il, j'ai pas de nom. Je me suis pas

connu de dabe; paraît qu'il a été sapé. C'était un maigre, mais il m'a fait solide. On y va?

La femme criant toujours, les camarades l'enfermèrent dans un cercle. Elle déchirait les bourgerons, pinçait et mordait. Deux terrassiers lui tinrent les poings.

Les combattants se carrèrent, l'outil levé. L'homme au loup abattit sa pioche. Le gars sauta de côté. Le pic retombant rencontra le fer de la pioche, qui rendit un son clair. Puis ils tournèrent autour d'un monticule, sautant de ci, de là, frappant à côté, écumants. Ils enfonçaient à mi-jambes dans la terre rouge; l'homme au loup y laissa ses sabots. Le pic et la pioche se croisaient. Quelquefois des étincelles jaillissaient dans la nuit, quand les ferrures battaient le briquet.

Mais le gars avait de la moëlle. Quoique l'autre eût de longs bras au bout desquels la pioche tournoyait, terrible, du pic il parait les coups de tête et envoyait de furieux revers dans les jambes.

L'homme au loup abattit sa pioche en terre et leva les bras.

— J'vas prendre mes galoches, dit-il. On a la chemise trempée. T'es un gars solide. J'te fais pardon et excuse, moi, La Limande.

En se retournant, il passa dans le cercle des carriers et regarda la femme sous le nez. Alors il cria un coup et sauta de nouveau sur sa pioche en hurlant : « Ah! le paillasson! Ah! tu m'as gamellé! Je te reconnais bien : je vas te crever ton homme! »

La femme tomba en arrière, les yeux blancs. Ses bras raidis se collèrent aux hanches, son cou gonfla; et elle battait alternativement le sol de ses deux tempes.

Le gars « moelleux » avait repris sa parade. Mais l'homme au loup attaquait avec fureur. Les fers heurtés tintaient.

Et le carrier maigre criait : « C'est le trou sanguin ici. Tu y passeras. A toi ou à moi, il faut qu'on y cloue le chêne. T'es venu pour acheter ma tête, avec ta poule. Tu entends, cette femme-là, elle est à moi, à moi seul. Je veux l'emplâtrer après que je t'aurai tombé. Je l'habillerai de noir. »

Et le gars à la femme disait, parmi les ahans du pic : « Grand cadavre, viens donc que je te défonce. Viens la prendre, ma femme, vilain masque. T'es trop vioque pour me ceinturer! »

Comme il l'appelait « vieux », son pic se ficha dans le crâne de l'homme maigre. Le fer grinça sur la toile du loup, qui glissa et tomba. Le carrier s'abattit en arrière, son grand nez au vent, ses moustaches grises frissonnantes. Sur le callot noir, une tache rouge s'agrandissait, suintant par le trou du front.

Tous les travailleurs crièrent : « Holà! »

La femme se roula vers le bruit, et, rampante, vint regarder l'homme démasqué. Quand elle eut vu le profil maigre, elle pleura : « T'as tué ton daron, mon homme, t'as tué ton daron ! »

Dans la minute, ils furent sur leurs pieds et s'enfuirent vers la nuit, laissant derrière eux la ligne sanglante de la carrière.

FLEUR DE CINQ-PIERRES

Petite, maigrelette, le nez à l'air, un peu sur le flanc, les cheveux couleur salade de cave, elle semblait avoir poussé entre deux pavés, dans une cour humide. Mais sa bouche était sanguine, ses yeux brûlaient d'une lumière noire, sa gorge se dressait comme un jeune bourgeon, tandis que la paume de ses mains, par une étrange maladie des fleurs de ville, était plaquée de rose. Elle était un rire perpétuel, un « démon », un « singe méchant » ; sa voix devenait d'un instant à l'autre narquoise ou pitoyable ; subitement, pour un rien, le globe sombre de ses prunelles se couvrait d'un voile de larmes. On lui disait : « Petite imbécile, vilaine mauvaise », et les coins de ses lèvres remontaient, le trait de la bouche s'arquait, le regard encore mouillé tremblait d'un sourire. Elle venait malicieusement vers vous; d'un bond elle enfonçait dans les vôtres ses genoux pointus, en fronçant le sourcil; elle faisait tourner son doigt très vite sous votre œil, pour « jouer aux yeux », et, la main caressant la figure, parfois les lèvres, en croix de Malte, elle récitait d'un délicieux ton enfantin :

« Menton bis — bouche d'argent — nez cancan — joue rôtie — joue brûlée — petit œillet — grand œillet — toc, toc, toc, il est marié! »

Ainsi cette pâle corolle, tour à tour plus femme qu'enfant, plus enfant que femme, avait fleuri entre deux blocs de grès : un père triste, vieux, et un gros homme renfrogné qui venait par intervalles. Ce père ne travaillait pas souvent. Quelquefois il allait visiter un magasin obscur, fermé à porte cochère, où il devait avoir ses outils; quelquefois il passait la nuit dehors. Rentrant assez blanc au matin, il ne parlait de la journée. Louisette avait mis l'œil à une fente de la grande porte. Impossible de rien voir de clair : de longues choses rouges, d'étroites choses jaunes, des choses blanches qui brillaient. Un jour, à la brune, elle avait volé la clef : vite, sur la pointe des pieds, d'un regard circulaire elle avait aperçu de la paille, des paquets de corde, et, parmi un amas de bois rougeâtre, où luisaient des lignes de laiton, un grand soc de charrue à demi enveloppé. Certes, il n'y avait pas de doute : elle en avait vu chez sa tante, à la campagne, près de Gentilly. Comme la vie lui était douce, après avoir bu le matin un peu de soleil à la promenade avec son père, elle pouvait, dans les heures de l'après-midi, s'amuser librement. « Le plus loin possible », lui disait son père. « Je n'aime pas les curieux. » Voilà pourquoi Louisette fréquentait les boulevards extérieurs.

Elle aimait les larges chaussées de sable et leurs files infinies d'arbres osseux. La couleur sang de bœuf aux devantures des marchands de vin l'intéressait. Elle plaignait, en les comprenant très bien, les filles casquées de cheveux jusque par-dessus les sourcils. Leurs petits chiens qui lui riaient la faisaient rire. Les capuchons des sergents de ville lui étaient des points de repère jumeaux, familiers et mouvants. Les stations d'omnibus la faisaient enrager, par les gens qui la regardaient à travers les vitres, les yeux fixes. Elle préférait les coups d'œil détournés des jeunes hommes blêmes, à casquette d'étoffe, qui avaient une petite moustache fine. Sans savoir, elle supposait qu'ils lui en voulaient; et, comme elle était curieuse d'eux, cela lui faisait de la peine.

L'un qui passa vers la tombée de nuit, la peau presque verdâtre au gaz, un chapeau de feutre gris coquettement planté sur la tête, avec un flamboiement limpide du regard, lui étreignit le cœur d'une force irrésistible. Il l'avait guettée, et il l'attendait en mordillant un brin de bois. Sa figure était fine, et sous la peau transparente on croyait voir parfois le jeu délicat des petits os de la face; ses cheveux, très lustrés, s'effilaient aux tempes; les lèvres avaient une mine railleuse, les dents un aspect cruel. Mais ses mains semblaient deux croix rouges élargies à ses bras, avec les prolongements noueux de doigts farouches.

— Beau, ce soir, dit-il à Louisette d'une voix innocente.

— Ah! répondit Louisette, il fait bon. Elle sourit très faiblement.

Il en profita aussitôt et dit plus durement:

— Qu'est-ce que tu fais ici? Comment t'appelles-tu?

— Tiens, Louisette, répondit-elle. Et toi?

— Moi je suis l'Assassin.

Elle se recula un peu, et ouvrit les yeux. Il rit de travers et continua :

— L'Assassin, parce que je fais des chopins, tu comprends, pour les amis. Je pilonne, je les assiste. Un coup chez les épiciers, une autre fois chez les marchands de trottins; un dégringolage par ci, un tapage par là; je fais la manche dans les grands cafés; je leur apporte du perlot, quand ils sont au jetard et qu'ils n'ont pas de quoi fumer; je rapplique à la condice gratter leurs lards, quand elles leur font des paillons; quelquefois, si elles ont des mecs à la mie-de-pain, je les aide à les gameller, je leur amène des mômes costo, qui sont forts pour la poigne. Les poules me donnent des thunes, celles qui sont meule, larantequé; les camarluches me font lamper des glasses, et je vais avec eux crier « mort aux naves ! » à la décarrade.

Elle écarquillait les paupières et riait de tout son cœur.

— Comme tu es menteur! dit-elle. Tout menteux, tout voleux, tout voleux, tout assassineux. Voilà pourquoi tu t'appelles l'Assassin.

Ils se mirent en route, le long du boulevard. L'Assassin fit prendre une absinthe à Louisette, sur le zinc. Cela lui mit du rouge aux joues, du feu au sang, et un terrible bavardage à la langue. Elle disait, le regard dans le vague :

— C'est drôle : on marche, on a des jambes; on boit, on a des bouches ; on cause, on a des langues ; c'est bête, à quoi ça sert ? Je pense à beaucoup de choses. On a des têtes, des nez, des oreilles ; c'est laid. Les yeux, c'est bon parce que ça regarde.

Et elle regardait l'Assassin très doucement, et elle éclatait encore et encore de rire.

Les becs de gaz ayant l'air de se balancer, elle ne savait plus trop ce qu'elle faisait ni ce qu'elle disait. Elle passait sa main sous le bras de l'Assassin ; elle lui tâtait le col, elle fouillait dans ses poches. Elle lui donnait tous les noms de bêtes qu'elle pouvait imaginer. « Mon petit crocodile... j'en ai vu au Jardin des Plantes, oui j'en ai vu. C'est noir ; ça vit dans l'eau, avec de grandes gueules et beaucoup de petites dents ; c'est méchant comme toi. Oui, oui c'est gentil. » Elle se taisait un moment, penchant la tête d'un côté, puis de l'autre, comme une chardonnerette. « Papa aussi est très gentil. Peut-être qu'il est très méchant. Peut-être qu'il est Assassin, comme toi. Des fois il sort toute la nuit. Il a un hangar plein de choses drôles. Des choses très drôles. Tu verras, je te montrerai. Nous irons, pas? Oui, oui, oui. » Elle ne disait plus « oui »; c'était un petit cri d'oiseau, tendre et aigu, i, i, qu'elle prolongeait en chantant.

L'Assassin semblait égayé. Ils arrivèrent devant la grosse porte du magasin abandonné. Louisette tira sous sa robe une forte clef. L'odeur qui les enveloppa était celle des choses renfermées, mêlée au parfum de la paille. Il y avait, au-dessus du chambranle, une grande lucarne ronde, et la lune mettait sur le mur du fond une tache livide qui éclairait faiblement un tas de poutres carrées et rouges.

L'Assassin choqua du pied un immense seau de zinc qui sonna creux, plaintivement.

— N'est-ce pas, on est tranquille ici, dit-elle, mon vilain monstre endimanché?

Il ne répondit pas.

Quelques voitures passaient; et à chaque roulement un grand angle d'ombre parcourait la tache pâle de la lune. Il y avait des miroitements de métal dans la masse des boiseries sanglantes. On entendait le grignotement de souris invisibles, un petit frisson parmi les brins de paille, et après chaque bruit de la rue le martèlement rythmé des horloges-de-mort dans le mur.

Louisette s'assoupissait. Ses lèvres endormies murmuraient encore : « Petit crocodile méchant, i, i, i, ».

L'Assassin, tendant les yeux, ne voyait dans la nappe d'obscurité que des cercles bleuâtres qui fuyaient en s'agrandissant.

Vers le matin, l'Assassin sentit une chose froide dans le cou, sous la nuque. Il tâta des doigts, trouva un tranchant, sauta sur ses pieds et secoua Louisette.

— Qu'est-ce que c'est que ça? cria-t-il.

— Ça, murmura Louisette, en battant des paupières, la langue pâteuse et avançant la main, eh ben! c'est le couteau de papa.

L'Assassin hurla : « La fille du bingue! »

Le petit gris du jour levant éclairait l'œil-de-bœuf. On voyait au fond, détachés sur le mur, des montants rouges, à rainure de cuivre, une traverse, une planche échancrée. Louisette, réveillée, tenait entre les mains une forte lame d'acier triangulaire; le tranchant luisait dans ses paumes, réunies en coupe, dont les taches rosées paraissaient sanglantes; et l'Assassin sentit glisser en lui le froid mortel et futur.

INSTANTANÉES

Il y a, rue de la Roquette, deux haies de lumières, et au-dessous, deux traînées de lueurs perdues dans le brouillard, double illumination pour une montée sanglante. La brume rouge s'accroche aux réverbères et s'épand en auréole. Un carré s'ouvre au milieu des hommes, limité par les formes noires des sergents de ville; plus loin des arbres maigres, une porte sinistrement éclairée, où on sent une voûte; au fond, des fenêtres voilées de vapeur, avec des chandelles allumées — et de la foule encore, ruée en avant sous les piétinements des chevaux. En face de la porte, un bec de gaz, au bout de la place, près de cavaliers démontés, à la tête de leurs chevaux, enveloppés de manteaux; et la flamme éclaire vaguement ce qui semble deux piliers de cuivre rouge, ronds, surmontés d'une boule brillante, avec au-dessous une tache pâle.

Ceci est dans un rectangle de barrières où s'appuient des rangées d'hommes ; et, près de la machine, des ombres s'agitent. Deux fourgons étranges, percés d'œil-de-bœuf et de fenêtres carrées, l'un contre l'autre en travers ; l'un a voituré le couperet, l'autre va voiturer l'homme. Puis des bras dressés, les points rouges des cigares, des collets de fourrure éparpillés çà et là. Tout est plongé dans une nuit humide.

Tombant du ciel, une lumière grise s'étend graduellement, dessine une ligne de faîte aux toits, des figures blêmes aux gens, découpe les barrières, enlève les gendarmes collés à leurs chevaux comme des ombres, pétrit le relief des fourgons, creuse les enfoncées des portes, fabrique avec les piliers de cuivre des rainures larges, avec la tache pâle un outil triangulaire luisant coiffé d'un bloc sombre piqué de trois points blancs, avec la boule brillante une poulie d'où tombe une corde, crée autour de cela des montants sanguinolents, montre près de terre une planche oblique et deux demi-lunes écartées. Les gendarmes montent à cheval. Les sergents de ville se tassent. On voit errer les pompons rouges des gardes municipaux.

« Sabre... main ! » Les rayons blancs jaillissent d'un cliquetis de fourreaux, la porte tourne sur ses gonds, et l'homme apparaît, livide, entre deux taches noires. Chauve, le crâne poli, la face rasée, les coins de la bouche enfoncés comme ceux des vieillards de maison centrale, la chemise largement découpée, une veste brune sur les épaules, il marche hardiment; et ses yeux vifs, inquiets, scrutateurs, parcourent tous les visages; sa figure se tourne vers toutes les figures avec un mouvement composite qui semble fait de mille tremblements. Ses lèvres sont agitées; on dit qu'elles marmottent: « La guillotine! la guillotine! » Puis, la tête inclinée, les yeux perçants fixés droit sur la ligne de la bascule, il avance comme une bête qui tire la charrue. Soudain, il heurte la planche, et de sa gorge s'élève une voix grêle, aigre, comme un tintement fêlé, avec une note montante, aiguë, sur le mot *assassin* deux fois répété.

Un battement sourd; une manche de redingote avec la marque blanche de la main sur le montant gauche de la guillotine; un choc flou; une poussée de gens vers la fontaine sanglante qui doit gicler; le panier brun luisant jeté dans un des fourgons; trente secondes à tout cela depuis la porte de la prison.

Et, par la rue de la Roquette, roulant à fond de train, la voiture de l'abbé Faure en tête, puis deux gendarmes, le fourgon dévale, trois gendarmes en queue; sur les trottoirs, les mauvaises figures sont massées, tournées vers la chevauchée, avec des filles en cheveux qui ricanent. Les trois gendarmes, reîtres de la guillotine, trottent vers l'avenue de Choisy, le bicorne penché en avant, laissant voler au vent le pan du manteau, avec ses retroussis rouges — jusqu'au champ des navets, au nouveau cimetière d'Ivry. Un trou oblong, creusé dans la terre glaise, des tas de boue jaune, gluante, rejetés autour, bâille parmi l'ivraie verte : sur la crête du mur, jambe de ci de là, une rangée d'êtres humains, coiffés de casquettes, attendent le panier.

Le fourgon s'arrête ; on tire le corbillard d'osier brun ; on pose dans une boîte de bois blanc un homme sans tête, qui a les mains nouées, pâles comme de la cire transparente, avec l'intérieur tourné en dehors ; on ajuste une tête, la figure levée vers la lumière, exsangue, les yeux fermés, avec des meurtrissures noires, un caillot sombre au nez, un autre au menton. Cette tête est plantée contre un dos, sur lequel s'ouvrent des mains ; et lorsqu'on cherche la pointe des pieds, on trouve les talons. Il y a là-dessus des flaques de sciure.

Des hommes clouent sur la boîte un couvercle de bois blanc, aux arêtes vives ; il y a de l'horreur à se rappeler les caisses de biscuits, et sur ce sapin on lit en lettres noires maculées : *Prix 8 francs*. Le coffre dans le trou, on y jette de la terre glaise ; c'est fini.

Les sous-aides du bourreau vont boire en face une bouteille de vin blanc ; il y a là un jeune homme qui a des yeux de velours, des mains rouges, un air froid et modeste, et qui a monté la guillotine. Il y a les conducteurs du fourgon, que rien n'étonne plus. Il y a un gros homme, avec un dolman d'astrakan de laine noire, qui soulève depuis vingt-six ans les têtes des décapités; et quand on lui demande si, le couteau tombé, il y a de la vie dans ces membres, il y a du sentiment dans ces têtes, il fait gondoler du doigt l'enveloppe bleue d'un paquet de biscuits, et dit: « Je ne sais pas; je n'ai jamais rien vu remuer : dans les grands froids la peau de la tête, le cuir chevelu, se trémousse comme ça.... »

LA TERREUR FUTURE

―――

"Ελεος καὶ πάθος.

Les organisateurs de cette Révolution avaient la face pâle, les yeux d'acier. Leurs vêtements étaient noirs, serrés au corps; leur parole brève et aride. Ils étaient devenus ainsi, ayant été différents autrefois. Car ils avaient prêché les foules, en invoquant les noms de l'amour et de la pitié. Ils avaient parcouru les rues des capitales, avec la croyance à la bouche, chantant l'union des peuples et l'universelle liberté. Ils avaient inondé les demeures de proclamations pleines de charité; ils avaient annoncé la religion nouvelle qui devait conquérir le monde; ils avaient réuni des adeptes enthousiastes pour la foi naissante.

Puis, au crépuscule de la nuit d'exécution, leurs manières changèrent. Ils disparurent dans une maison de ville, où ils avaient leur siège secret. Des bandes d'ombres coururent le long des murs, surveillées par des inspecteurs rigides. On entendit un murmure plein de pressentiments funestes. Les abords des banques et des maisons riches frémirent d'une vie neuve, souterraine. Des éclats de voix retentirent, comme de soudains claquements, dans des quartiers éloignés. Un bourdonnement de machines en mouvement, une trépidation du sol, de terribles déchirements d'étoffe; ensuite un silence étouffant, semblable au calme avant l'orage; et tout à coup la tempête sanglante, enflammée.

Elle éclata au signal d'une longue fusée flamboyante qui jaillit de l'Hôtel de Ville dans le ciel noir. Il y eut un cri poussé par la poitrine générale des révoltés, et un élan qui secoua la Cité. Les grands édifices tremblèrent, brisés par en dessous; un roulement jamais entendu franchit la terre d'une seule onde; les flammes montèrent comme des fourches saignantes le long des murs immédiatement noircis, avec de furieuses projections de poutres, de pignons, d'ardoises, de cheminées, de T en fer, de moëllons; les vitres volèrent, multicolores, dans une gerbe d'artifices; des jets de vapeur crevèrent les tuyaux, fusant au ras des étages; les balcons sautèrent, tordus; les laines des matelas rougirent capricieusement, comme des braises qui s'éteignent, aux fenêtres distendues; tout fut plein d'horrible lumière, de traînées d'étincelles, de fumée noire et de clameurs.

Les bâtiments, se disjoignant, s'ouvraient comme des pièces dentelées, couvrant l'ombre d'une nappe rouge : derrière les constructions qui s'abattaient des deux côtés, s'épanouissait l'orbe de l'incendie. Les masses croulantes semblaient d'énormes monceaux de fer rougi. La Cité n'était qu'un rideau de flammes, tantôt claires, tantôt bleu sombre, avec des points d'intensité profonde, où on voyait passer des noirceurs gesticulantes.

Les porches des églises étaient gonflés par la foule terrifiée, qui affluait de partout en longs rubans noirs ; les faces étaient tournées, anxieuses, vers le ciel, muettes d'épouvante avec les yeux fixes d'horreur. Il y avait là des yeux largement ouverts, à force d'étonnement stupide, et des yeux durs par les rayons noirs qu'ils lançaient, et des yeux rouges de fureur, miroitant des reflets de l'incendie, et des yeux luisants et suppliants d'angoisse, et des yeux pâlement résignés, où les larmes s'étaient arrêtées, et des yeux agités de tremblements par la prunelle qui voyageait sans cesse sur toutes les parties de la scène, et des yeux dont le regard était intérieur. Dans la procession des faces blêmes, on ne voyait de différents que les yeux ; et les rues, parmi les puits de lumière sinistre qui se creusaient à l'angle des trottoirs, semblaient bordées d'yeux mouvants.

Enveloppées dans une fusillade nourrie, des haies humaines reculaient sur les places, poursuivies par d'autres haies humaines qui avançaient implacablement ; la bande qui fuyait agitant tumultueusement ses bras étrangement illuminés; la bande qui marchait, serrée, dense, réglée, résolue, avec des membres qui agissaient en cadence, sans hésitation, sur des ordres silencieux. Les canons des fusils formaient une seule rangée de bouches meurtrières, d'où filaient de minces et longues lignes de feu, qui rayaient la nuit de leur sténographie mortelle. Par-dessus le ronflement continu, parmi les accalmies effrayantes, retentissait un crépitement singulier et ininterrompu.

Il y avait aussi des nœuds d'hommes, groupés trois à trois, quatre à quatre, cinq à cinq, entrelacés et obscurs, au-dessus desquels tournoyait l'éclair des sabres droits de cavalerie et des haches affilées, volées dans les arsenaux. Des individus maigres brandissaient ces armes, fendant les têtes avec fureur, trouant les poitrines avec joie, décousant les ventres avec volupté, et piétinant dans les viscères.

Et, à travers les avenues, pareilles à des météores étincelants, de longues carcasses d'acier poli roulaient rapidement, traînées par des chevaux au galop, effarés, crinières flottantes. On eût dit de canons dont la volée et la culasse auraient le même diamètre ; derrière — une cage de tôle montée par deux hommes actifs, chauffant un brasier, avec une chaudière et un tuyau d'où s'échappait de la fumée ; devant — un grand disque brillant, tranchant, échancré, monté sur excentrique, et qui tournait vertigineusement devant la bouche de l'âme. Chaque fois que l'échancrure rencontrait le trou noir du tube, on entendait le bruit d'un déclic.

Ces machines galopantes s'arrêtaient de porte en porte : des formes vagues s'en détachaient et entraient dans les maisons. Elles sortaient, chargées deux à deux de paquets liés et gémissants. Les hommes du brasier enfournaient régulièrement, méthodiquement, dans l'âme d'acier les longs ballots humains ; pour une seconde on voyait, projetée à l'avant, saillissant jusqu'au ressaut des épaules, une face décolorée et convulsée ; puis l'échancrure du disque excentrique tournoyant rejetait une tête dans sa révolution ; la plaque d'acier restait immuablement polie, lançant par la rapidité de son mouvement un cercle de sang qui marquait les murs vacillants de figures géométriques. Un corps s'abattait sur le pavé, entre les hautes roues de la machine ; les liens se brisaient dans la chute, et, les coudes étayés sur le grès dans un mouvement réflexe, le cadavre encore vivant éjaculait un jet rouge.

Puis les chevaux cabrés, le ventre impitoyablement cinglé d'une lanière, entraînaient les tubes d'acier : il y avait un tressautement métallique, une note profonde de diapason dans la sonorité de leur âme, deux lignes de flamme reflétées à leur pourtour et un brusque arrêt devant une nouvelle porte.

On ne trouvait, sauf les fous qui tuaient isolément, à l'arme blanche, ni haine, ni fureur. Rien qu'une destruction et un massacre réguliers, qui anéantissaient progressivement, semblables à une marée de mort, montant toujours, inexorable et inéluctable. Les hommes qui ordonnaient, fiers de leur œuvre, contemplaient l'action avec des figures rigides, figées d'idéal.

Au détour d'une rue noire, les sabots clapotants des chevaux rencontrèrent une barrière de cadavres sans tête, un amoncellement de troncs. La batterie de tubes d'acier s'arrêta dans la chair; au-dessus des bras confusément crispés se dressait une forêt de doigts indiquant tous les points de l'espace, levés vers le ciel comme les pointes colorées d'une récolte de l'avenir.

Arrêtant les pièces de guillotine, les chevaux refusaient en hennissant de monter à l'assaut, fumaient des naseaux, et écrasaient sous les fers de leurs pieds des remous d'entrailles vertes. Parmi la viande pantelante, entre les ramures des mains inanimées, désespérément roidies, il y avait des sanglots de sang qui coulait.

Les prêtres du massacre montèrent sur la barricade humaine, où leurs pieds enfoncèrent, prirent les chevaux par la figure, les traînèrent par la bride, tandis qu'ils renâclaient, et contraignirent les roues à passer sur les membres épars dont les os craquaient.

Et debout dans leur boucherie, la face éclairée par l'Idée du dedans et par l'Incendie du dehors, les apôtres du néant regardèrent attentivement le fond de la nuit, à l'horizon, comme s'ils espéraient un astre inconnu.

Devant eux ils voyaient un amoncellement de façades rompues, de marches de pierre diversement plantées, de chevrons fumants, avec des briques, du hachis de bois, des lambeaux de papier, des morceaux d'étoffe, et des pavés de grès en grand nombre, entassés par paquets, comme lancés par une main prodigieuse.

Il y avait aussi une maison de pauvre, ruinée par la moitié, où les cheminées coupées tout le long avaient laissé une longue bande de suie, avec des embranchements aux différentes hauteurs. L'escalier de bois s'était écroulé par le bas, broyé à mi-distance du dernier étage; si bien que les degrés tremblants allaient on ne sait où, vers les flammes rampantes et les cadavres crispés, comme une frêle passerelle venant du ciel. On voyait dans ces misérables chambres tranchées, mises au jour, toute la vie inférieure, une grille à charbon, un fourneau de terre fendu, rapiécé, un pot au feu en pâte brune, des casseroles noires, bosselées, des chiffons entassés dans les coins, une cage rouillée, laissant flotter encore quelques brins verts, où gisait sur le dos un petit oiseau gris, avec les pattes ramenées sous les plumes de son ventre, des flacons de pharmacie épars, un lit à sangles debout contre le mur, des matelas crevés d'où poussaient des touffes de varech, et des pots de fleurs émiettés, mêlés avec la terre végétale et les fragments des plantes.

Et, assis parmi les carreaux encaustiqués, arrachés sur le ciment gris, un petit garçon en face d'une petite fille lui montrait avec triomphe une fusée de cuivre qui était montée jusque-là. La petite avait une cuillère enfoncée dans la bouche et le regardait d'un air curieux. Le petit serrait ses doigts, dont la peau tendre était encore ridée, sur l'écrou mobile à trous de secondes; et, faisant manœuvrer le vernier, il se perdait dans la contemplation de l'outil. Ainsi tous deux battant alternativement leurs pieds menus, les sortant de leurs chaussons, profondément occupés, n'étaient point étonnés de l'air qui entrait, ni de la lumière horrible qui les envahissait — sinon que la petite, retirant la cuillère qui gonflait sa joue, dit à mi-voix : « C'est drôle, papa et maman sont partis avec leur chambre — il y a de grosses lampes rouges dans la rue — et l'escalier est tombé ».

Tout ceci, les organisateurs de la Révolution le virent, et le soleil nouveau dont ils attendaient l'aurore ne vint pas. Mais l'idée qu'ils avaient au cerveau fleurit brusquement; ils eurent une sorte de lueur; ils comprirent vaguement une vie supérieure à la mort universelle; le sourire des enfants s'élargit et fut une révélation; la pitié descendit en eux. Et, les mains sur les yeux, pour ne pas voir tous les yeux terrifiés des morts, tous les yeux qui n'étaient pas encore couverts de paupières, ils descendirent en chancelant du rempart d'hommes égorgés qui devait entourer la Cité nouvelle, et s'enfuirent éperdument, dans les ténèbres rouges, parmi le fracas de métal des machines qui galopaient.

TABLE DES MATIÈRES

	Pages.
PRÉFACE	IX
LES STRIGES	1
LE SABOT	9
LES TROIS GABELOUS	19
LE TRAIN 081	31
LE FORT	39
LES SANS-GUEULE	46
ARACHNÉ	55
L'HOMME DOUBLE	63
L'HOMME VOILÉ	71
BÉATRICE	79
LILITH	87
LES PORTES DE L'OPIUM	95
SPIRITISME	103
UN SQUELETTE	111
SUR LES DENTS	121
L'HOMME GRAS	131
CONTE DES ŒUFS	139
LE DOM	149

TABLE DES MATIÈRES.

LA LÉGENDE DES GUEUX

	Pages
L'Age de la Pierre polie : La Vendeuse d'Ambre.	159
L'Époque Romaine : La Moisson Sabine.	167
Quatorzième siècle. — Les Routiers : Mérigot Marchès.	175
Quinzième siècle. — Les Bohémiens : Le Papier-Rouge.	183
Seizième siècle. — Les Sacrilèges : Les Boute-Feux.	193
Dix-huitième siècle. — La Bande à Cartouche : La Dernière Nuit.	201
La Révolution. — Les Chauffeurs : Fanchon-la-Poupée.	209
Podêr.	217
Les Noces d'Arz.	223
Pour Milo.	229
L'Hôpital.	241
Crève-Cœur.	249
Le Loup.	257
Fleur de Cinq-Pierres.	265
Instantanées.	273
La Terreur Future.	279

Paris. — Typ. Chamerot et Renouard, 19, rue des Saints-Pères. — 27560.

www.ingramcontent.com/pod-product-compliance
Lightning Source LLC
Chambersburg PA
CBHW071504160426
43196CB00010B/1420